社会资本及其对创新意识和创新产出的影响

SHEHUI ZIBEN JIQI DUI CHUANGXIN YISHI HE
CHUANGXIN CHANCHU DE YINGXIANG

熊艾伦 ◎ 著

图书在版编目（CIP）数据

社会资本及其对创新意识和创新产出的影响／熊艾伦著.—北京：经济管理出版社，2019.8
ISBN 978-7-5096-6788-0

Ⅰ.①社… Ⅱ.①熊… Ⅲ.①社会资本—关系—国家—创新系统—研究 Ⅳ.①F014.391②G322.0

中国版本图书馆 CIP 数据核字（2019）第 163704 号

组稿编辑：高　娅
责任编辑：高　娅
责任印制：黄章平
责任校对：王纪慧

出版发行：经济管理出版社
（北京市海淀区北蜂窝 8 号中雅大厦 A 座 11 层　100038）
网　　址：www.E-mp.com.cn
电　　话：（010）51915602
印　　刷：北京玺诚印务有限公司
经　　销：新华书店
开　　本：720mm×1000mm /16
印　　张：9.25
字　　数：152 千字
版　　次：2019 年 8 月第 1 版　2019 年 8 月第 1 次印刷
书　　号：ISBN 978-7-5096-6788-0
定　　价：68.00 元

·版权所有　翻印必究·
凡购本社图书，如有印装错误，由本社读者服务部负责调换。
联系地址：北京阜外月坛北小街 2 号
电话：（010）68022974　邮编：100836

前 言

创新是引领发展的第一动力,决定了发展的速度、规模、结构、质量和效益。自熊彼特提出创新理论以来,如何提升国家创新能力受到越来越多学者的关注。以往研究表明,创新投入和产出之间并不是简单的线性关系,创新的效率不仅取决于不同部门的协调与合作,也受制于一系列社会、经济环境因素。从这个角度来看,强调互惠互利以解决集体行动困境的社会资本能够对区域创新效率的提升产生促进作用。然而,近年来部分实证研究的结论表明,社会资本对区域创新乃至经济增长不存在显著促进作用。如 Fulkerson 和 Thompson(2010)所言,作为一种理论工具,社会资本的研究还处于"前范式阶段"(Pre-paradigm),还没有形成科学共同体,没有公认的范式并存在诸多争议。因此,关于社会资本与区域创新的关系,学术界还没有达成共识。

本书的主要目的是对社会资本及其与区域创新产出的关系进行探讨,以厘清既有研究中存在的争议。具体包含如下研究问题:第一,什么是社会资本?该如何界定社会资本的内涵和性质?如何衡量区域社会资本?第二,社会资本影响创新产出的途径及其作用机制是什么?是否存在外在因素影响社会资本发挥效用?第三,社会资本是个多维度概念,每个维度对创新效率的提升是否存在差异?这种差异性是否还体现在不同创新主体上?

基于此,本书首先进行了文献的回顾与述评。不同于以往研究,本书文献综述的重点以哲学中的因果论为基础,提出造成以往实证结果存在分歧的三点原因:一是缺乏可靠的测量指标;二是对内生性问题没有引起足够重视;三是因果关系作用机制阐述不清,导致模型和控制变量的选择存在偏差。因此,本书以 Meta-study 方法梳理相关文献,确立了包含多个指标的社会资本测量指标体系,避免单一指标带来的误差;并基于进化博弈理论分析了影响社会资本的长期因素,从而寻找合适的工具变量来解决可能存在的内生性问题。最后通过构建能够反映创新动态发展过程的系统性理论框架，确立了社会资本—创新意识—创新产出的三阶段理论模型。

由于我国目前缺乏相关统计指标，实证阶段本书以欧盟国家为研究对象，运用包含 Moran I 指数、单位根检验、固定效应模型、随机效应模型、工具变量法、动态面板、Bootstrap 等一系列模型进行实证分析。研究结论指出，社会资本的分布具有一定的空间相关性。因此，社会资本的形成和地理环境以及历史文化有关，可以认为社会资本是一个长期稳定的变量。同时，社会资本的众多元素可以大致分为两类：包含信任、价值观、包容等情感要素的认知型社会资本与包含社会交往和政治参与的结构型社会资本。

认知型社会资本不仅影响创新投入转化为创新产出的效率，还影响创新产出实现经济价值的效率；而结构型社会资本中对区域创新产出影响不显著。通过将创新主体进一步分类，进而发现认知型社会对资本企业创新有正面影响，但对高校创新产出影响不显著；而结构型社会资本只对高校创新产出有正面影响。这充分说明社会资本不同元素对区域不同创新主体的影响是非均衡的。而社会资本对创新产出的作用，主要通过加强人力资本、技术溢出以及制度绩效这几个中介因素来实现。

通过对比分析，本书最后从社会资本视角提出了促进国家创新能力的政策建议：建立推荐人制度，提高劳动力的流动和匹配效率；建立企业信息分享平台，加强人力资源的再开发；成立创新联盟，强化不同创新主体的协调合作；加强科教人员与青少年的交流互动，以培育创新文化。

目录

1 社会因素与创新 ·· 1
1.1 创新的不确定性 ·· 1
1.2 社会因素的作用 ·· 4
1.3 本章小结 ·· 5

2 社会资本定义、概念及内涵 ···································· 7
2.1 社会资本定义及概念 ······································ 7
2.2 社会资本的形成和起源 ··································· 10
2.2.1 历史文化因素对社会资本的影响 ····················· 10
2.2.2 制度环境因素对社会资本的影响 ····················· 13
2.3 社会资本促进社会经济发展的作用机制 ····················· 15
2.4 影响社会资本发挥效用的因素 ····························· 18
2.5 本章小结 ··· 21

3 社会资本与创新产出 ··· 22
3.1 创新产出的影响因素 ····································· 22
3.2 社会资本与创新产出的理论关系 ··························· 30
3.3 以往文献存在的不足与缺陷 ······························· 36
3.3.1 测量指标的选择 ··································· 38
3.3.2 内生性问题的处理 ································· 44
3.3.3 控制变量与回归模型的选择 ························· 47
3.4 本章小结 ··· 50

4 社会资本及创新产出的空间分布特征 56
4.1 社会资本指标体系构建 56
4.2 社会资本相关指标空间分布特征 60
4.3 创新产出相关指标空间分布特征 66
4.4 本章小结 75

5 社会资本对创新意识影响的实证分析 76
5.1 实证回归：社会资本与创新意识 76
5.1.1 模型和变量介绍 76
5.1.2 单位根检验与变量描述性统计 78
5.1.3 固定效应和随机效应分析 80
5.1.4 加入控制变量 81
5.1.5 Bootstrap 84
5.1.6 工具变量法 87
5.2 本章小结 88

6 社会资本对创新产出影响的实证分析 90
6.1 固定效应和随机效应分析 90
6.2 加入控制变量 91
6.3 Bootstrap 95
6.4 工具变量法 98
6.5 实证回归：社会资本、创新意识与创新产出 99
6.6 本章小结 103

7 社会资本对不同创新主体的影响 104
7.1 社会资本对企业创新产出的影响 105
7.1.1 基础模型与控制变量 105
7.1.2 Bootstrap 108

  7.1.3 工具变量法 ……………………………………………… 110
7.2 社会资本对高校创新产出的影响 …………………………… 111
  7.2.1 基础模型与控制变量 ……………………………… 111
  7.2.2 Bootstrap …………………………………………… 115
  7.2.3 工具变量法及动态面板 …………………………… 116
7.3 本章小结 ……………………………………………………… 117

8 结束语：从社会资本视角看创新政策 …………………… 119
8.1 各个国家和地区促进创新的政策 …………………………… 119
8.2 本书主要结论 ………………………………………………… 123
8.3 存在的不足及研究展望 ……………………………………… 124

参考文献 ……………………………………………………………… 126

1 社会因素与创新

1.1 创新的不确定性

自改革开放以来,中国经历了长达40年的快速经济增长期。学术界普遍认为以往中国的经济成就依赖于廉价劳动力和大量的固定资产投资,因此属于粗放型增长模式。2015年1月,出席世界经济论坛年会的中国总理李克强表示:中国经济正在进入"新常态",即经济增长的速度会不断放缓,但质量却会逐步提升。从国际经验上看,不论是发达国家还是新兴工业国家,都需要依靠适当的转型而维持一定的经济增长速度。有学者指出,如果中国在未来十几年内还期望保持一定的经济增长规模,则必须重视创新在经济转型中的作用(Schaaper, 2009; Zhang et al., 2009)。而在十二届全国人大常委会专题讲座《中国经济新常态与改革创新》中也充分肯定了创新的作用,提出要实施创新驱动战略和国家创新体系。由此可见,不论是学术界还是实务界均高度重视创新在我国经济转型中的作用。

创新理论起源于经济学家熊彼特。他在著作《经济发展理论》中提出基本框架,并于《经济周期》一书中进行了拓展。创新是建立一种新的生产函数,把生产要素重新组合。这种创新包含五种情况:开发新的产品、使用新的生产方法、实现新的工业组织、寻找新的供应来源、开辟新的市场(熊彼特、何畏,1990)。毫无疑问,创新是商业活动,因而企业是创新的基本主体。但20世纪七八十年代,经济学家逐渐意识到创新本质上是微观层面的许多行为主体：商户、个人、政府、机构等互动的结果。因此，创新的效率不仅取决于个体行为，还受社会经济环境的影响。基于此，经济学家们提出了国家或区域创新系统（National System of Innovation, NSI）理论——强调区域内各个部门的协作对新技术修改、传播、探索和追求的作用（Nelson & Winter, 1982; Freeman, 1987; Lundvall, 1992）。ter Weel等（2010）提出了几个区域创新理论中包括的核心因素。第一个因素是制度。广义的制度影响了主体的习惯、行为、思考模式以及交流互动的方式，从而影响创新活动的产生。此外，制度还可以分为多种类型，包括正式制度和非正式制度、基础性制度和辅助性制度以及硬性制度和软性制度等。由于NSI强调互动交流，交互式学习（Interactive Learning）就成了影响创新的第二个重要因素。这不仅包括学习新的知识，将旧的知识重新组合，还包括将已有的知识传递给新的行为主体。第三个因素是互动（Interaction）。所有创新活动的一个共有特点是创新几乎不可能由一个公司单独完成，需要不同主体之间的协作和互动。由于影响区域创新的因素较多，需要协调不同的目标导向创新主体，因此创新产出和投入之间充满了不确定性。

图1-1给出了33个国家（欧盟28国加上日本、俄罗斯、美国、中国、韩国）的创新投入（每千人研发投入）和创新产出（每千人专利数量）数据的关系。创新投入使用的是2011年的数据，而创新产出使用的是2014年的数据。这主要与Porter和Stern（2000）的主张一致：创新投入通常需要2~3年的时间才能转化为技术成果。不难看出，各国创新投入与创新产出之间并不是简单的线性关系。创新投入越多并不意味着创新产出能力越高。为方便比较，对原始数据进行了线性转变，将其映射到[0, 1]之间，具体公式如下：

$$X' = \frac{x - \min}{\max - \min} \tag{1-1}$$

标准化处理后，发现大多数国家创新投入的排名和创新产出的排名之间并不对称。例如，卢森堡的创新投入在所有样本国家中排名第三（0.92），但其产出能力只处于中游水平（0.35）。同样属于这种情形的还有挪威和日本，其投入强度为0.84和0.81，但产出能力只有0.30和0.60。当然也有一些国家研发投入比例不高，但研发产出能力却比较高。

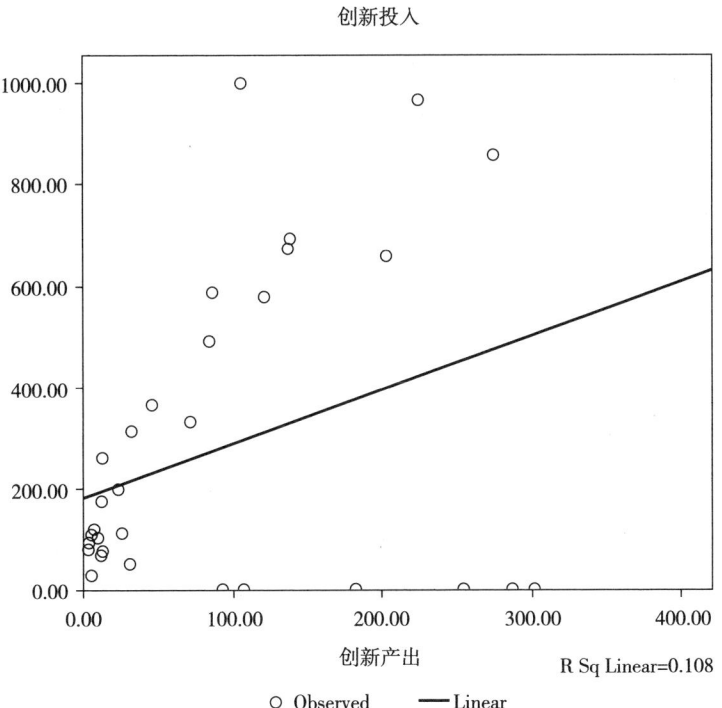

图 1-1 世界各国创新投入与创新产出的关系

例如,德国的投入强度为0.65,但产出能力为0.91;而荷兰的研发投入强度为0.49,但产出能力为0.67。事实上,不仅创新投入和创新产出之间关系复杂,还有许多研究发现创新产出与经济增长之间也并不是单纯的正相关关系(Pessoa,2007;Shearmur & Bonnet,2011)。

在一项对欧盟地区区域创新与经济增长关系的研究中,Pessoa(2007)提到了"爱尔兰之虎"(Celtic Tiger)和"瑞典悖论"(Swedish Paradox)这两个概念。1995~2005年,作者发现爱尔兰的年均经济增长速度达到了7.5%,这在欧洲地区处于绝对领先水平。而相同时期,瑞典的年均经济增长率只有2.7%,大大落后于欧洲其他国家。而瑞典在创新投入的各项指标上都远远领先于爱尔兰及其他欧洲国家。例如,瑞典在教育上的投资占GDP的7%左右,而爱尔兰只有5%;2004年,瑞典在R&D领域的投入占GDP的3.95%,而同期爱尔兰只有1.2%;此外,2004年瑞典企业的研发支出占到了工业附加值的 4.64%，而同期爱尔兰在这方面的支出只有 1.07%。

这一现象引起了许多学者的研究兴趣。Edquist 和 McKelvey（1998）认为，虽然瑞典 R&D 投入强度很高，但专利成果转化率却很低，且这一困境一直以来都未得到改善。此外，科研专利除了转化为新产品销售或出口外，还可以通过技术输出创造经济价值。但瑞典在高新技术及产品的出口方面也不尽如人意。笔者认为"瑞典悖论"与其产业布局有关。瑞典企业大多致力于产品的设计和开发，而产品的生产则位于劳动力成本较低的发展中国家，这使就业和收入的增加集中在发展中国家。Shearmur 和 Bonnet（2011）利用加拿大数据也证实了该观点。Ejermo 和 Kander（2006）在总结先前关于"瑞典悖论"研究的基础上将技术创新的过程分解为四个阶段，即投入—发明（阶段 1）、发明—创新（阶段 2）、创新—产品（阶段 3）、产品—经济增长（阶段 4）。从一个阶段到另一个阶段的递进并不是理所当然的。例如，教育资源的支撑有利于创新实现从阶段 1 到阶段 2，而研发地区全球化参与程度会影响创新在阶段 3 和阶段 4 的效率。

1.2 社会因素的作用

以往已有不少学者尝试研究创新能力强的区域应该具备的特质。例如，Florida（1995）的 Learning Region 理论、Rodríguez-Pose（1999）的 Social Filter 理论；以及 Breschi 和 Lissoni（2001）的 Innovation Milieux 理论。这些理论都认为社会性因素对区域创新有着至关重要的影响。由于区域创新的过程强调互动交流、相互学习，因此社会资本对创新的影响逐渐成了学术界关注的话题。截至 2019 年 4 月，在 CNKI 上以"社会资本"和"创新"作为关键词进行搜索时，共出现 3200 余篇文献。在 Web of Science 上以"Social Capital"和"Innovation"作为关键词进行搜索时，共出现 3100 余篇文献。这足以证明研究社会资本和创新的关系是当前学术界的热点之一。

现有的许多研究都认为社会资本对区域创新产出有一定的积极影响。

例如，严成樑（2012）使用中国省际面板数据发现信息维度的社会资本能够促进区域专利产出。De Clercq 和 Dakhli（2003）使用 59 个国家的截面数据证实了信任水平以及社团活动与专利产出和高科技产品出口是正相关关系。Adam 等（2005）使用模糊集合方法证实了社团活动有利于促进欧洲 27 个国家的专利产出。因此，Zheng 等（2010）认为社会资本不仅有利于个人创新性思维的培养，还有利于提高团队创新绩效，以及加强区域不同创新主体的协同合作。

尽管社会资本的正面作用被广大学者所认同，但也有大量的实证证据表明社会资本与区域创新或经济增长之间不存在明显关联（Westlund & Adam，2010）。导致这种分歧结果的原因主要在于社会资本理论还存在一定争议。首先，学术界还没有形成统一的社会资本定义。从实证的角度来看，定义往往和使用的指标息息相关，而目前没有被广泛认可的单一社会资本指标。有学者曾将"互联网使用率"作为测算社会资本的指标，但这种做法存在明显的漏洞。虽然社会资本能够促进信息的流通和扩散，但很明显它不等同于互联网。因此，该研究实际上只是在证明信息技术与经济增长的关系罢了。其次，社会资本的研究还应当充分注意内生性的问题。如果将社会资本理解为"促进社会经济效率、减少社会冲突、增进社会和谐的观念性资源"（马德勇，2008），则它反过来又会受到经济增长和制度环境的影响。因此，所观察到的社会资本与创新的关系，很可能属于反向因果。最后，由于社会资本并不能作为一种可见要素投入创新生产，其作用机制还未明确。考虑到创新的产生包含了 3~4 个步骤，有必要将创新过程予以分解，从而进一步明确社会资本究竟从哪些方面作用于创新。

1.3 本章小结

综上所述，本章可以得出如下几个结论：首先，创新是一个复杂的过程，包含设计、试制、生产等诸多环节。其最终的目的是从创新中获取经济利益和市场价值。其次，由于创新过程的不确定性，创新投入和创新产出之间并不是简单的线性关系。许多投入强度较高的国家和地区并没有获得相应的产出回报,存在投入—产出悖论。最后,以社会资本为核心的社会文化因素,有助于解释上述悖论,但关于社会资本的研究还存在诸多争议,这导致相关实证研究呈现出了相互矛盾的结论。要解决上述争议,需要重新厘清社会资本的相关概念,并选取有针对性的测量指标,同时在实证研究中要充分考虑内生性和因果机制的识别等问题。

2 社会资本定义、概念及内涵

2.1 社会资本定义及概念

学术界一般认为社会资本的研究最早始于海尼凡（Hanifan，1916），她认为社会资本是一种在日常生活中极其重要的，包含善意、同情、人际交往等能够促进社会单位形成的要素。在海尼凡之后，社会资本的概念沉寂了一段时间。直到20世纪五六十年代，加拿大的一些社会学家又重新阐述了社会资本这一概念，但都将其置于社区治理的框架下。真正让社会资本理论实现跨越性发展的是Putnam、Burt、Bourdieu以及Portes等的研究。他们将社会资本理论从社会学领域拓展到管理学、政治学、经济学等多个学科。具体而言，学术界对于社会资本的定义主要有以下几种观点：

布迪厄（1986）将社会资本视为一种潜在和实际存在的资源，人们可以通过对某种网络的占有来获取这些资源，而且这是一种体制化的关系网络。行动者拥有的资源数量取决于他占有的网络的规模和数量，同时也依赖于与他有联系的其他行动者占有的资源数量。

科尔曼（1990）从社会资本的功能来对其定义。他认为，社会资本不是一个单一个体，因而具有多种表现形式。但它们都有两个基本的共同点：其一，它是包含于社会网络和社会结构之中的；其二，它的使用能给行动者带来益处。社会资本是生产性的，是否拥有社会资本决定了行动者能否达成某些既定目标。与其他资本不同的是，社会资本不能被单个个体所拥有，它总是依附于人际关系之中。

伯特（1992）认为，社会资本是同事之间、朋友之间或人与人之间普遍的社会联系。通过这些联系，行为主体获得了使用其他形式资本的机会。伯特将社会资本理论提升到了企业组织层面，并提出了结构洞理论。结构洞是指两个关系体之间的非重复关系。因此，彼此之间存在结构洞的两个关系人向网络贡献的利益是可以累加的。企业家可以通过寻找结构洞，开发相互隔断的关系网络获得新的资源。

林南（2001a, 2001b）将社会资本视为嵌入社会网络之中，并服务于特定行动目标的资源。个体可以通过先天继承和后天的投资以获得相应的社会资本。林南的研究重视社会资本在个人层面的作用，并将社会资本与社会地位、家庭背景等因素联系起来。

普特南（1993）考察了意大利南、北两个地区政府在制度绩效上的差异。他认为，影响政府治理成败的关键性因素就是社会资本。因此，普特南的研究将社会资本上升到了宏观层面，并与公民参与、公民社会和民主政治联系起来。他认为，社会资本包含信任、规范和网络等组织特征，并有助于参与者解决集体行动困境，追求共同目标，从而提高社会效率。

波茨（1998）将社会资本理解为个体从社会结构或社会网络中动员稀缺资源的能力。与普特南不同，波茨认为社会资本还存在广泛的负面影响，包括排斥群体外部成员、限制人身自由、限制个体差异等。

纳哈皮特和戈沙尔（1998）将社会资本划分为结构维度、关系维度和认知维度。他们认为，社会资本不仅包括网络关系以及由网络关系创造的资产，还意味着规范、惩罚以及个体间的期望，意愿表达和语言符号甚至文化习惯。

达斯古帕塔（2005）认为，社会资本就是人际关系的一种。本质上无所谓好与坏。在其他条件不变的情况下，社会资本带来的结果由其行动者的目的所决定。

为更好地梳理社会资本的相关定义和概念，可以基于不同的学科背景对其进行分类。社会学领域的研究强调社会资本中的网络关系维度，以及网络关系给行为个体带来的信息和资源。科尔曼、林南、伯特属于这其中的代表人物。他们关注的重点是个人如何通过社会资本获取有价值的信息，从而提升个人收入及社会地位。这其中最被世界各国学者广泛研究的是社会资本与个人就业之间的关联。例如，格兰诺维特（Granovetter, 1973）认为，与亲密度低的朋友的弱连接网络对个人求职就业有积极的作用，而 Bian（1994）则认为，基于血缘和亲情的强连接更能发挥关键性作用。在政治学领域，普特南的研究最有代表性，他考察了意大利南北地区政府治理的差异，认为社会资本来源于公民对公共事务的参与和合作。自此社会资本理论就与公民精神和公民参与理论连接了起来，并由此延伸到了政府治理及反腐败等公共管理领域。社会资本理论在管理学领域的代表人物是拿哈皮特和戈沙尔，他们的研究将社会资本与企业文化、智力资本等因素连接起来，强调社会资本有助于营造和谐的企业氛围，并能提高组织的协调能力和学习能力，因此是企业成功的重要因素。而在经济领域，学者更多地将目光放到社会资本中的信任层面上，强调信任对降低交易成本的作用。因此，社会资本也被认为可以通过促进金融发展、技术创新、外贸开发、产业集聚、环境保护等方式刺激经济增长。

尽管众多学者都对社会资本进行了定义，但由于学科观点的差异，现有研究仍然很难明确社会资本的真正内涵。社会学领域的研究过多地将重心放在了个人层面，而忽略了社会资本对宏观社会经济发展的影响。许多情况下，个体能从社会资本的使用中获益，但也可能危害集体利益。而社会资本在政治学领域的研究均强调公民精神、政治参与。其本质上与公民社会（Civil Society）理论并无太大差异。而管理学和经济学领域的研究又似乎不重视社会资本带来的不利影响。尽管如此，我们仍然能从以上定义中找寻到一些共同点。第一，社会资本存在于关系网络之中，有助于促进两个或两个以上的个体互惠合作行为。第二，社会资本能给使用者带来一定的收益。第三，社会资本兼具私人品和公共品的特性。第四，除了网络关系外，价值观、期望、规范、社会公德等都可以且应当被视为社会资本的表现形式之一。因此，在社会资本的定义方面，本书比较赞同马得勇（2008）的观点，即需要坚持一致性、多样性、唯一性和可观察性的原则。首先，不论在哪个国家，社会资本的本质应当是基本一致的。例如，不能在发达国家将社会资本视为民主参与而在欠发达地区将社会资本视为关系网络。其次，由于各个国家在历史、文化和制度上的差异，社会资本可能有不同的表现形式。再次，社会资本所涉及的事物不能被其他事物或概念所替代。最后，社会资本必须是能被准确测量和实际观察到的。因此，本书基于马得勇（2008）的研究对社会资本做出如下定义：社会资本是一种能够促进社会经济效率、减少社会冲突、增进社会和谐的观念性资源。这种观念性资源主要由信任、合作、宽容、互惠、团结、诚实等基本要素构成。换言之，从这些各种要素中抽离出来的共同点就是社会资本的最根本特征。

2.2 社会资本的形成和起源

对社会资本起源的考察，有助于进一步理解社会资本的内涵和本质。Rothstein 和 Stolle（2003）认为，关于社会资本的形成和起源，学术界主要持有两种对立的观点。一是认为社会资本由文化或历史性因素决定；二是认为社会资本由制度环境决定。历史决定论和制度环境决定论最大的区别在于是否认同社会资本是一个相对稳定的变量。如果社会资本由历史及文化因素决定，则不大可能在短时间内产生巨大变动，即便存在波动也能自行回到均衡水平。相反，如果外部环境能够明显改变一个地区社会资本，那社会资本就不再是恒定不变的了，同时应该能找出更多削弱或强化社会资本的因素。此外，如果制度是形成社会资本的首要因素，那么制度相应的国家和地区，社会资本的结构和分布也应当具有趋同性。

2.2.1 历史文化因素对社会资本的影响

社会资本领域的代表人物普特南在其著作《使民主转起来》一书中考察了意大利20个地区的政策效率及稳定性，他发现在制度效率很高的意大利北部地区，历史上主要推行的是城市共和制。而在制度绩效较低的意大利南方历史上却主要推行的是君主制。而在制度的背后起决定性作用的是社会资本。早在12世纪，意大利北部地区的宗教组织、邻里组织以及一些行业工会就极为发达。这使北部地区的公民参与一直维持在一个很高的水平。因此，普特南认为尽管19世纪意大利也经历了巨大的社会变迁，但公民参与的传统却一直得以延续。其他许多学者也持有类似的观点；Inglehart（2004）认为，社会资本是一个相对持久的特征，它是一个民族的历史传统、经济、政治、文化因素的集中反映。

早期关于文化对信任及公民参与的一些研究也得出了类似的结论。例如，Almond 和 Verba（1963）以田野调查的形式采访美国、英国、墨西哥、意大利和西德的一些居民。研究发现不同的社会背景形成了不同的公民文化，而公民文化又有助于社会信任的形成；社会信任最终又是民主制度建立的基础。Triandis（1972）也发现文化决定了一国居民的道德观和价值观，影响了个人对外部信息的判断，从而影响信任的决策。Naef 和 Schupp（2008）认为，美国文化比德国文化有更高的信任水平，而 Yamagishi 等（1998）则坚信亚洲文化比西方文化更无私。支持这些观点的实证证据也非常多。行为经济学家在各个国家和地区都进行了"信任游戏"的试验。通常实验中有 A 和 B 两个参与者。组织者会给 A（施予者）玩家一笔钱，然后由 A 玩家将其中一部分（数目为 X）给予 B（接受者）玩家。具体给予数目以及是否给予均由 A 玩家自行决定。如果 A 玩家决定给予，则组织者会将金额翻两倍（数目为3X）后给予 B 玩家。随后再由 B 玩家决定是否偿还金钱给 A 玩家以及偿还的具体金额。在这个游戏中信任被理解为对他人互惠行为的一种期待。A 玩家给予的以及 B 玩家返还的金钱数额越高，说明越相信对方会选择互惠行为，也意味着社会资本的水平越高。根据 Johonson 和 Mislin（2011）的总结，这一类型的信任游戏在 35 个国家和地区进行了 162 次，共计约 24000 人参与。在控制了一系列其他因素后（例如，参与者的身份或参与双方是否互相认识），他们发现非洲地区的接受者偿还的金额要显著少于北美地区的接受者；而亚洲地区的接受者又比北美地区的接受者要慷慨。

文化的形成事实上和地理环境有着密切的关联。Bjornskov 和 Meon（2015）利用工具变量法探讨了多个国家的信任水平对全要素生产率的影响。研究发现，温度是一个显著的工具变量，这意味着温度是影响信任水平的显著因素。这主要是由于早期生产水平不高，在严寒地带生活的人更强调互惠互助以应对气候挑战。因此，寒冷地区的人可能拥有较高的信任水平和合作意识，因而也就形成了更多的社会资本。也就是说，特定的地理、气候条件形成了文化中某些互惠合作的因素，而这些因素又能够持续地对社会资本的培育产生影响。

此外，还可以用进化博弈的理论来进一步解释。与传统经济理论不同，进化博弈理论假设决策人是不完全理性的。而传统经济学中的完全理性则意味着个体是追求自身利益最大化，在博弈过程中也不会产生冲动和不理智行为。而在进化博弈理论中，决策个体都是有限理性的，这意味着决策个体可能无法在第一时间就采取最优策略（谢识予，2001）。进化博弈的第二个重要前提是决策个体能够学习他人而调整自身的策略。也就是说，在一个群体中总有一些人并不清楚什么是好策略，什么是差策略。通过随机匹配的反复博弈，决策个体会模仿好策略，而逐渐淘汰差策略。事实上，社会认知理论也认为个体总是在与他人的直接或间接的交流互动中不断学习并调整对他人的判断（Lewis & Wigert, 1985）。因此，最终在寒冷的地区就达成了互惠合作的共识，受进化的影响这种共识也得以延续。参考谢识予（2001）的研究，本书以一个简单的模型来进一步说明。

表 2-1 支付矩阵

参与人 1	参与人 2	
	B_1	B_2
A_1	M, M	S, E
A_2	E, S	L, L

表 2-1 给出了博弈双方的支付矩阵，当参与人 2 选择 A_1 策略，参与人 1 选择 B_1 策略时各自获得的支付为 M，其他策略选择获得的支付依次类推。不妨假设群体中采取 A_1 策略的参与人数量为 x，相应地，采取 A_2 策略的人数比重就是 $1-x$，基于此，可以得到各类参与人的期望支付和群体的平均支付：

$$U_1 = Mx + S(1-x)$$
$$U_2 = Ex + L(1-x) \quad (2-1)$$
$$\overline{U} = U_1 x + U_2 (1-x)$$

按照进化博弈的思想，低收益群体会模仿高收益群体的策略，从而调整自己的策略最终进化到稳定策略（ESS）的形态。ESS 的求解需要用到复制动态方程，即一个表示选择某种测量的成员所占比例的微分方程，具体如下：

$$\frac{dx}{dt} = x(U_1 - \overline{U}) = x(1-x)(U_1 - U_2) \quad (2-2)$$
$$= x(1-x)[x(M-E) + (1-x)(S-L)]$$

令式（2-2）等于 0，就可以得出该复制动态方程的稳定点。显然 1 和 0 是其中的 2 个稳定点，意味着群体的成员趋向于采用相同的策略，这是一个纯策略均衡。而后者是一个混合策略均衡，其取值受支付水平的影响。例如，假定 $M=5$，$E=4$，$S=1$，$L=3$。即 A_1 和 B_1 属于互惠合作策略，双方各自得到 5 的支付。而 A_2 和 B_2 属于非互惠合作策略，双方得到的支付只能为 3，较之于合作策略来说要少。如果一方选择互惠合作策略，而另一方不选择合作策略，则合作方将会受到损失，支付仅为 1。因此，当互惠合作带来的支付水平较高，而不合作带来的支付水平较低时，有 2/3 的决策者会选择互惠合作策略。考虑到稳定点具有一定的抗干扰能力，即低于稳定水平时，有 $\frac{dx}{dt}$ 大于 0，而高于稳定水平时，有 $\frac{dx}{dt}$ 小于 0，因此真正的均衡点始终处于 1 到 0 之间，即 2/3 是唯一稳定均衡点。也就是说，受历史条件的影响，决策者在反复的博弈和学习过程中逐渐形成了某种互惠合作的预期，而这种预期就是社会资本的一种表现。同时又由于这是均衡点，因而社会资本呈现一个长期稳定的状态。

2.2.2 制度环境因素对社会资本的影响

认为社会资本主要受制度环境影响的学者也不在少数。他们的普遍观点是政府的政策、制度环境影响了社会资本的创造。因此，社会资本不可能独立于政治之外（马得勇，2008）。显然，某些制度环境比其他制度环境更有利于信任的产生。Delhey 和 Newton（2003）就认为，从问卷调查中得出的受访者信任水平值更多反映的是受访者所处的社会环境信息，而非受访者的个人特征。事实上可以把社会资本中的互惠合作看作是一种预期（Cook & Hardin，2001），而这种行为通常与信息量以及风险等因素相关。如果个体对于对方的行为有一个积极的预期，则有较大的可能会采取合作策略，反之则不会选择合作。当信息不对称时，制度的好坏是个体做出信任决策的重要依据。由此可见，制度环境决定了公民信任水平。

Roth（2009）基于世界价值观调查数据考察了 50 多个国家的信任水平。他发现 20 世纪 80 年代以来，很多国家的信任水平呈现下降的趋势。例如，西班牙的公民信任水平从 34.5% 下降到了 19%；法国的信任水平从 24.6% 下降到了 18.7%。削弱地区社会资本的因素很多，如"代际更替"。也就是说，随着时间的推移，富有公民精神、热心公共事务、热衷政治参与的人逐渐老去，年轻人则对公共参与不感兴趣，最终导致社会资本不断衰减。另一个重要因素是外来移民。Kesler 和 Bloemraad（2010）通过分析欧洲国家移民数据发现，外来移民会削弱社会信任、公民参与、政治参与等诸多社会资本因素，因而是不利于社会资本培育的。这主要是本地人对外地人缺乏身份认同，因而不愿意与移民交往，从而降低了社会资本的整体水平。不过他们的研究也发现，在政治制度完善的北欧国家，移民带来的负面影响要小得多。另外一个常被学者提及的因素是科学技术，主要指的是以互联网为主的信息技术。网络能够极大地促进信息的传播和知识的扩散，因而是有利于社会网络发展的。同时，在电脑前进行互动交流时，也面临较小的身心压力（Anduiza等，2010），因而互联网可以让更多个体参与公共事务。不过互联网的负面影响也十分显著，例如，网络的游戏娱乐会消耗使用者的业余时间，而网络的交流也不像面对面交流那样能够使朋友产生信任感和亲密感（Putnam，2000）。

不过也有学者认为，制度或其他外部因素虽然能够导致决策者做出互惠合作的信任决策，但这不一定意味着产生了社会资本。也就是说，在制度完善但信任文化缺失的地方，人们并不是真心选择"信任"；但考虑制度因素仍然会选择信任行为。Paldam（2008）认为，决策个体做出信任对方的决策主要有两个方面的原因：第一，出于自身的原因而信任对方。例如，决策者通过交流、交往而对他人产生了信任感。也就是说，信任关系来源于参与者的社会互动；又或者决策者基于价值观、身份、态度及信仰的判断对他人产生了认同感而产生信任。这一认同过程在社会学理论中被称为"自我分类"（Turner等，1992）。因此，由第一个原因产生的信任属于我们常说的"道德性"信任。第二，决策者因为受到外部环境的压力（通常来说就是制度）而不得不选择互惠合作。在这种情况下，信任则演变成了一个策略性的选择。Paldam（2008）认为，策略性信任不属于社会资本的范畴，因为一旦外部制约条件消失，决策者将不会选择信任策略。

当然个人因素对社会资本的形成也有一定的影响。例如，基因理论认为，基因的差异也会影响个体做出是否互惠合作的信任决策。Bouchard和Loehlin（2001）发现单卵和双卵的双胞胎孕育出的成人就有明显的信任差异。Verba等（1995）提出的公民参与模型从个人角度解释了哪些人拥有较高的公民精神和社会参与热情。其中，教育水平高的群体比教育水平低的群体更热衷于参与社会和政治事务；富有的人比贫穷的人更关心社会问题，也有更高的信任度。一方面，社会参与需要时间、精力和金钱的投入，因此这对穷人来说是一种奢侈品；另一方面，富人比穷人有更高的风险承受能力。另外，Luhmann（1993）提出了"灾难线"的概念。假设个体都是理性的，如果在选择时需要承受灾难性的损失，则他/她选择不信任的可能性将会很大。但相对而言，富裕群体对财产损失的承受能力较高，因而比贫困群体更趋向于做出信任的选择。

2.3 社会资本促进社会经济发展的作用机制

关于社会资本促进社会经济发展的机制，以往的文献已经做了翔实的研究。学术界一般认为，社会资本能够降低交易成本、解决委托代理问题以及化解集体行动困境，因而对社会经济发展有直接的促进作用（Helliwell & Putnam，1995；Helliwell，1996a；Temple，1998；Rupasingha，2000；La Porta 等，2000）。除此之外，也有部分学者将研究重心聚焦到社会资本的某一类或某几类要素上。例如，有研究表明社会资本中的信任要素促进了信息的传播和技术的扩散，因而有助于技术进步（Akcomak & ter Wel，2009；Helliwell，1996b；Landry 等，2000）或资本积累（Knack & Keefer，1997）。而社会资本中的公民参与维度被认为替代了正式制度以抑制"搭便车"等机会主义行为（Ahlerup 等，2009）。这一规范作用在正式制度尚未完成的欠发达地区体现得尤为明显（Fafchamps & Minten，2002）。此外，Guiso 等（2009）发现在社会资本水平高的地区，居民通常表现得更包容，更有开放意识。因此，社会资本中互惠和合作元素还可以通过提升开放意识来促进社会经济发展。其他诸如影子经济、金融发展、制度绩效、环境保护等也被视为社会资本促进经济增长的主要途径。

回顾有关定义不难发现，社会资本兼具"公共品""私有品"以及"俱乐部品"的属性。以上列举的文献关注社会资本在宏观层面的作用，因而可以将其视为公共品；而前文提到社会学派将社会资本视为一种通过个人网络获得的资源或资产，管理学派将社会资本视为企业资源，因此他们更关注社会资本在微观层面的作用。事实上，这两种观点并不冲突。Dasgupta（2002，2009）认为，社会资本如果只产生"狭隘"的外部性（比如说小范围的相互合作、信息共享），那么它主要是通过影响人力资本要素来促进社会经济发展的。相反，当社会资本产生了极强的外部性（比如说在广泛的群体内促进了道德、规范的形成），那么它主要是通过影响技术进步或制度（也可以称为全要素生产率）来促进社会经济发展。我国学者赵家章（2011）也有类似的观点，他认为社会资本中的信任维度能够解释要素投入差异，而社会资本中的社会网络维度可以解释全要素生产率差异。这可以用一个简单的模型来进一步说明。

首先，我们假设社会资本通过促进合作行为来提高经济效率。在一个经济体内有数量为 N 的经济个体（$i, j = 1, 2, \cdots, N$），每个个体使用一种投入品来生产最终消费品。该投入品不可存储跨期，只能当期使用。如果第 i 个人使用了数量为 K_i 的投入品，则其产出为 $F(K_i)$。我们假设所有的人从事生产的技术水平是相同的。假设 $F(0) = 0$，$F'(k_i) > 0$，且由于劳动力也是生产要素之一，$F''(k_i) < 0$。因此，该函数是一个严格凹函数。当不存在信任时，每个人根据自己占有的投入品数量进行生产，总产出为：

$$Y = \sum Y_i = \sum F(\overline{K_i}) \qquad (2-3)$$

假设有 2 个个体形成了长期合作关系，分别占有了数量为 $\overline{K_i}$ 和 $\overline{K_j}$ 的生产要素，且 $\overline{K_i} > \overline{K_j}$。为了达到生产最大化，他们每个人使用总量一半单位的生产要素。其中，某个人需要将多余的投入品给予另一个人，作为回报，接受者将会在产出后返还一部分利润。由于凹函数形式可以证明：

$$2F\left(\frac{\overline{K_i} + \overline{K_j}}{2}\right) > F(\overline{K_i}) + F(\overline{K_j}) \qquad (2-4)$$

此时便可以看出合作生产获益大于个体独自生产。如果只有少数个体进行合作生产，则可以看作社会资本提高了人力资本，即个体劳动效率。如果所有个体都进行合作生产，就可以认为社会资本提高了整体劳动效率，即技术效率。可以说，这是探讨社会网络和产出效率之间最简单的模型。只需要满足所有生产者都是自给自足以及初始资源禀赋存在差异这两个先决条件。如果所有的生产者都自给自足，总产出 Y 处于最低水平；而如果所有的生产者都通过社会网络获得了 $\sum(\overline{K_i})/N$ 份额的生产要素，则总产出 Y 达到最高水平。

尽管社会资本的正面影响已被学术界所认可，但学者也认为其负面影响同样不容忽视。例如，Portes（1998）指出过分强调趋同的价值观和行为规范将会限制人身自由和个体差异。Fukuyama（1995）认为，同质性的社会资本，即以家庭、亲戚和熟人为主体的社会关系具有一定的排他性和封闭性，这不仅阻碍了有价值信息的传播和扩散，还促成了腐败的形成。Olson（1982）更认为，所有的社会团体因为追求特定的目标，时常会为自身利益进行游说和寻租，特殊利益团体越稠密，越会阻碍社会经济增长。例如，集体活动既可以被用来传播新的知识和技术，也可以被用来传播犯罪行为。企业联盟既可以共享信息和技术以提高产出，也可以相互勾结，游说政府为其提供保护（Grootaert & van Bastelaer，2002）。由于社会资本可能存在负面影响，一些学者将社会资本中的正面元素和负面元素分离开来，并单独进行分析。例如，Knack（2003）发现文艺、教育以及社区服务类团体对培育公民道德和公民精神有明显的促进作用，而工会和政党团体等为内部成员谋取特殊利益的团体对经济绩效有一定的负面影响。Eliasson等（2005）也证实了利益集团和商业团体不利于区域经济增长；Sabatini（2008）和Knudsen等（2007）的研究则发现结合型社会资本（Bonding Social Capital）——强调团体内部人员纽带关系的网络形态——阻碍了区域经济增长。

不过也有学者认为，所谓社会资本会带来负面影响其实是一个误区。如果说社会资本或社会资本的某些元素会给社会经济发展带来负面影响，那它应该具有一定的普遍性，即在大部分国家或大部分发展阶段都持续产生负面影响（马得勇，2008）。但以往的实证研究表明，这一普遍性并不是广泛存在。不论是强调团体内部人员纽带的结合型社会资本，还是以家族血缘关系为主体的"强关系"，其正面作用都是值得肯定的。例如，结合型社会资本强化了居民对本地的依附，有助于社区构建和发展（Westlund & Kobayashi，2013）。由此可见，社会资本本身是中性的，是否带来正面还是负面的作用取决于文化、制度等其他外在因素。工会就是一个典型的例子。劳动经济学理论认为，工会的存在降低了辞职率、有利于调整生产方式和管理政策，因而从企业管理的角度来看工会有利于生产力的提高（赵履宽等，1998）。但作为一个社会组织，工会容易演变成过度追求自身利益的团体。因此，Knack（2003）的研究才会将工会视为不利于公民道德和公民精神培育的组织团体。20世纪七八十年代，工会曾因权力过度膨胀给英国的社会经济发展带来了极大的负面影响，为此，撒切尔夫人政府对工会实施了大刀阔斧的改革。而工会在如今的发达国家却又扮演着极其重要的角色。众所周知,北欧地区是目前福利程度最高、幸福指数最高的地区之一。学术界将其社会经济发展的特点总结为北欧模式。其中一个最显著的特征是北欧国家劳工参与工会的比例非常高,达到了50%~60%,而美国则只有不到20%。虽然人数众多、规模庞大但并未给社会经济发展带来负面影响。关于更多北欧模式的讨论读者可参见后面的章节。

2.4 影响社会资本发挥效用的因素

既有研究表明,社会资本通过促进知识的生产、研发和交流来推动经济发展的前提是知识或技术必须在生产过程中占据重要地位。因此,只有在知识经济的背景下社会资本的作用才能得到彰显(Westlund,2006)。所谓知识经济就是以知识运营为主要的经济增长方式,知识产业成为主导产业的人类社会经济增长方式与经济发展模式。知识经济时代不仅意味着推动前沿知识的发展和创造,还包括在经济活动中有效率的组合和利用各类知识。如表2-2所示,知识经济社会具有如下一些特质:①知识取代实物资本成为最主要的生产要素。②具有知识技能的白领工人逐渐取代从事体力劳动的蓝领工人成为主要生产者。③对于劳动者来说,创新能力取代忠诚和执行力成为最宝贵的素质。由于知识和信息的重要性,能够吸引大量知识产业和相关人才的区域就成了最具竞争力的区域。而这些区域则往往都具备一种特殊的社会资本,即有利于知识传播、扩散和学习的开放式社会网络。如王振寰(2003)所言,没有哪个公司和个人能够垄断所有的知识,因而互动、信任、合作等基本社会资本元素对于创新就显得尤为重要了。当然,这并不是说知识在其他发展阶段并不重要。Polanyi(1958)将知识分为显性和隐性两种。前者指的是那些易于存储、记录和传播的知识,后者指的是那些很难被有效表述和转移的知识,并需要以特殊的方式(如师传徒授)来扩散和传递。工业经济时代依赖的是显性知识,而这可以依赖信息技术(如互联网)实现传播和扩散;而知识经济时代依赖的是隐性知识,这种知识创造、传播和显性化,才是创新优势的主要来源。而这样的过程依赖于人与人之间深入的模仿、学习、交谈、倾听,因而社会资本是其主要的传播媒介。

表 2-2 知识经济、工业经济、重商主义时代的基本属性对比

属性	知识经济	工业经济	重商主义时代
主要生产要素	知识资本	物质资本	土地和交易类资产
利润来源	知识的创造和应用	分工、专业化	贸易、人口增长
知识类型	隐性知识	显性知识	显性知识
生产要素所有者	劳动者个体	资本家	地主
管理形式	平行管理、强调合作	垂直管理	垂直管理
劳动者需具备的素质	创造力	适应性和执行力	忠诚度
基础设施	网络、社会性基础设施、航空运输系统	陆路运输系统	港口和水路运输系统

资料来源：Westlund（2006）。

如前所述，提升制度运行效率是社会资本影响社会经济发展的另一个主要途径。而这主要依赖于社会资本中的公民参与、公民精神和社会团体等要素。社会学理论中将独立于市场和政府之外，由民间组织机构主导，结合了创业精神和企业文化，并在公共管理、社会服务、文化、艺术、教育等领域都发挥着重要作用的社会团体称为"第三部门"或"公民社会"。政府、市场和公民社会是三个不同的部门，各自有着不同的利益导向和发展目标与指导原则（见表2-3）。市场部门以创造利润为唯一目标，而根据诺斯悖论，政府则具备降低交易费用，推动社会产出最大化和向不同势力集团提供不同产权，获取租金最大化的双重目标。如果纯粹以促进经济增长为目的，市场部门的贡献最为显著。因为企业以创造利润为唯一目的，任何投资行为，包括对社会关系的投资都是为了追求利润回报。但市场经济是一种只受市场控制、调节和指导的经济体制，它以人类会为达到最大金钱利得而行动作为前提假设，支配市场经济活动的交换原则，而支配其他社会活动的是互惠以及再分配原则（Polanyi，1957）。因此，缺乏外力干预的市场经济容易造成扩大贫富差距、无视环境污染等负面影响。不过公民社会可以通过对企业的产品发起抵制活动，迫使企业必须承担社会责任。企业家也会为了获得消费者青睐，将公共利益也纳入企业的发展目标中。因此，在公民社会发展程度较高时，可以将公民社会活动中秉持的价值观和行为准则扩散到市场部门去，从而将互惠互利的原则置于私立最大化的经济原则之上。不过社会资本要在这方面发挥作用，需要依赖于

高度发展的公民社会。Verba 等（1995）的公民参与理论就详细论述了影响公民参与社会政治事务的因素。公德心、教育水平、社会资本固然是重要因素，但制度环境的影响也同样不容忽视。在集权式的政体下，公民参与社会和政治事务的意愿及能力都受到了极大的限制。当公民参与公共事务的渠道和能力都非常有限时，社会资本对制度的监督作用就无从发挥了。因此，Działek（2014）提出在东欧这样较为缺乏公民精神和参与机遇的地区，社会资本无法解释区域经济增长差异。

表 2-3 社会各部门属性对比

	政府	市场	公民社会
参与者	政府组织	企业	社会组织
基础	法律法规	交易合同	价值观、传统文化
主要目标	双重目标： ·公共利益 ·私人利益	单一目标： ·创造利润	双重目标： ·公共利益 ·社团利益
网络结构	行政性网络： ·平级机构 ·上下级机构	生产性网络： ·企业内部网络 ·企业外部网络	社区性网络： ·结合型 ·桥接型
主要特点	决策缓慢、低效率 ·内部协调困难 ·对其他部门有很强的控制欲	过多追求短期利润 ·有垄断倾向 ·无视对其他部门产生的负面影响	本位主义 ·不易形成较大规模 ·常对其他部门进行批评和纠正

资料来源：Weddell S. How Governments, Business and Civil Society Are Creating Solution for Multi-Stakeholder Problems [M]. Greenleaf Publishing, 2005.

从经济学的角度来看，社会资本主要通过影响人力资本和全要素生产力来促进社会经济发展，而后者又包含了制度发展和技术创新这两个方面。但社会资本对于全要素增长率的作用具有较大的不确定性，即社会资本并不总是对宏观社会经济发展产生积极的促进作用。本书认为，在知识经济背景下社会资本促进区域创新的作用将会更为明显，而社会资本对制度的贡献则有赖于公民社会发展程度。这也就是说在不同的背景下，社会资本产生的作用也不一致。卜长莉（2006）将社会资本分为传统型和现代型。前者指的是依赖于血缘、习俗及传统道德或宗法制度的关系网络和规范准则；而后者指的是以契约、法律和协议为指导的关系准则。当传统社会资本占主导地位时，经济分配会被亲族网络控制因而丧失了公平和正义的原则。这种分配方式在传统社会中有一定的合理性，但在现代社会中则会阻碍社会的进步和发展。这也解释了为什么社会资本会对宏观社会经济发展产生阻碍作用。由此可见，不同的社会发展阶段需要不同的社会资本。

2.5　本章小结

本章回顾了社会资本的概念、定义以及起源。本书赞同马德勇的说法，将社会资本定义为提高经济效益、促进社会和谐的观念性资源。这种资源的产生既受地域文化的影响，又与制度环境相关。需要注意的是，小范围群体内产生的互惠合作并不一定对宏观整体有正面影响，甚至还可能产生负面作用。这也是为什么部分研究发现社会资本存在负面效应。在经济发展的不同阶段，需要不同类型的社会资本。重商主义时代、工业经济时代，社会资本的整体作用体现得并不明显，而知识经济时代可能才是社会资本发挥作用的强有力背景。

3

社会资本与创新产出

3.1 创新产出的影响因素

上一章回顾了社会资本的相关概念,本章将重点探讨社会资本与创新产出的关系。但在此之前有必要对影响创新产出的因素进行梳理。因此,本书先回顾研究创新效率的相关文献,总结出影响创新产出的因素,再梳理社会资本领域的研究,找出社会资本与这些影响因素的关联。通过这种方式便能从理论上确定社会资本究竟通过何种渠道影响区域创新。

总体来说,讨论影响区域创新因素的研究可分为三类。第一类研究是讨论单个或多个变量对创新产出或创新能力的影响。例如,Furman 等(2002)以 OECD 国家为样本发现,除了 R&D 投入可以解释区域创新能力差异外,产权保护、对外开放程度、产学结合等都是重要影响因素。而这些因素又与专利成果转化相关,并能够提升产品的市场份额。Becker 和 Dietz 等(2004)研究了影响德国制造业创新能力的因素。结果发现协同研究是弥补研发过程中资源不足的一个重要方式,并能够促进创新产出。Hu 和 Matthews(2005)借鉴了 Furman 等(2002)的研究框架,并将中心聚焦在亚洲国家上。结果发现知识产权、对外开放、产学结合等因素均会影响亚洲国家的创新能力,并且制度因素的作用尤其突出。Krammer(2009)对影响 16 个东欧国家创新能力的因素进行实证分析。结果发现,学术资源、私人 R&D 投资,以及知识产权和商业环境都能有助于创新能力的提升。Vogel(2013)研究了西欧地区人力资本对技术创新的影响。结果发现，人力资本的提高有助于东道国从他国汲取新的技术。这种学习效应集中在技术先进的国家而非地理上的邻国。

除了这些聚焦某一个或某几个创新影响因素的研究外，还有学者提出第二类研究——创新型区域的相关理论。也就是考察创新能力较高的地区具备哪些综合特质。例如，Rodríguez-Pose（1999）开创了社会过滤（Social Filter）理论，并从创新能力的角度将宏观创新主体（区域或国家）分为两类：一类是具备学习能力、整合能力、盈利能力的创新有利型（Innovation Prone）地区，而另一类则是那些存在不利于提高创新绩效和创新能力条件的创新不利型（Innovation Averse）地区。其中，创新有利型地区有三大特质：一是较高的人力资本水平，包括高等教育和技术工人。二是较多的生产性资源，可以用就业率、产业结构等变量来衡量。三是一些人口结构，包含就业人口平均年龄、种族多样性、男女比例等。Social Filter 理论随后被广泛应用到欧洲（Crescenzi, 2005）、美国（Crescenzi 等, 2013）以及墨西哥（Rodríguez-Pose & Peralta, 2015）等地的创新与经济增长的研究中。

类似地，Florida（1995）系统地阐述了学习型区域（Learning Region）理论。该理论对学习型区域与生产型区域的基本特征进行了对比。例如，生产型区域的核心竞争优势来源于自然资源和廉价劳动力，生产过程往往和创新环节是区分开来的；而学习型区域的竞争力则是知识的创造，其生产过程和创新过程是整合在一起的。生产型区域大多数就业人口为低端劳动力，而学习型区域将大多数就业机会提供给了知识型雇工。生产型区域主要依赖物质性基础设施，产品生产以国内市场为导向；而学习型区域依赖非物质性基础设施的建设，生产过程以国际市场为导向。从制度层面上看，生产型区域强调控制—命令式的监管模式，而学习型区域中政府和企业是相互依赖、更为灵活的管理关系。

此外，Roger 等（1983）还提出了区域内适合技术模仿和扩散的特征。对于发展中国家来说，如果能够便利地从其他国家汲取和模仿高新技术则比自主创新更易实现对发达国家的赶超。东亚经济奇迹就是最好的例子（林毅夫等, 1999）。首先，从技术本身来说，越复杂的产品越不容易被模仿和扩散。因此，东道国从发展中国家模仿创新产品比从发达国家容易。其次，从别国借鉴而来的新技术或新产品可能不一定能满足本国需求，因此东道国必须具备适应性和修改能力。在此模仿能力强的东道国一般具备

社会资本及其对创新意识和创新产出的影响

较强的沟通能力和沟通渠道;这又取决于地理位置、基础设施建设以及与技术溢出国的文化距离。再次,工业部门分类齐全、专业化程度较高、劳动力流动频繁以及产业集群发展水平高等因素都有利于技术扩散。最后,从制度层面上看,模仿能力强的东道国通常政治稳定性较高。

第三类研究将创新的过程分解开来,认为创新能力的差异首先体现在个人或个人所在群体(Group)上;同时,是否创新以及如何创新要受企业或组织特征的影响;在宏观层面也存在一系列因素阻碍或促进创新的行为。也就是说,这类研究综合了个人层面、组织层面、宏观层面来系统性地研究影响创新能力的因素。尽管许多学者都意识到系统性分析的重要性,并认为只有通过这种方式才能更全面地了解创新过程;但在这方面有建树的研究并不多。相比于分析单个影响因素的文章,系统性的分层级研究还不多见。在早期的研究中,Amabile(1988)提出了三类在个体层面和组织层面与创新能力有关的因素,分别是内在激励、创新性思考和专业技能。Amabile(1988)的研究为系统性分析方法提供了一个框架,但并没有考虑经济环境、制度环境等宏观因素。在随后的研究中,Janssen等(2004)以及Sears和Baba(2011)都采用了这种分析框架并在此基础上进行了修改。本书整合了以往的研究,并提出了如表3-1所示的影响区域创新能力的分析框架。

表3-1 区域创新影响因素分析框架

分层次	分指标		分阶段
微观层面	创新能力	创造性思维	创意—发明—创新
		认知能力	
	人力资本	健康	
		工作经验	
		技术水平	
	心理因素	心理赋权	
		内在激励	
	组织构成	异质性	
		同质性	

续表

分层次	分指标		分阶段
中观层面	氛围环境	信任	发明—创新—产品
		沟通	
		规范	
	领导能力	创新能力	
		问题处理	
		沟通能力	
	组织特征	组织结构	
		市场战略	
		协同创新	
宏观层面	制度环境	政府资助	创新—产品—增长
		金融支持	
	硬件环境	交通基础设施	
		市政基础设施	
	软件环境	人力资本投资	
		对外开放	
	产业环境	文化	
		产业特征	
		竞争环境	
		产业波动	

资料来源：Sears 和 Baba（2011）以及 Ardito 等（2015）提出的分析框架。

按照由微观到宏观的思路，将影响创新的各个因素分为微观层面、中观层面和宏观层面。这三个层面同时又对应着创新的四个阶段，即从创新意识到新发明、从新发明到创新专利、从创新专利到创新产品、从创新产品再到宏观经济增长。在本书中并没有对创新类型进行分类。例如，技术创新可以分为渐进式创新（Incremental Innovation）与突破性创新（Radical Innovation），也有学者称其为可持续创新以及破坏性创新。此外，该框架可能并不适用于特殊产业（行业）。例如，民用行业的 R&D 过程与军用行业的 R&D 过程就有着明显的区别，后者可能更依赖于政府行为而非市场行为；而军用 R&D 投入对经济增长可能还存在更大的挤占效应（Lichtenberg, 1995)。

人力资本无疑是影响个人创新能力最重要的因素。早期 Amabile（1983）的研究就特别强调教育水平和技术知识在创新过程中的作用。这点已经在学术界达成了共识。值得注意的是，人力资本的作用不光体现在产品的制造阶段，还对产品的宣传、推广以及市场化起到促进作用（Jensen 等，2007）。这主要是因为教育水平较高的推广人员更容易了解产品的特性，因此也更能有效地与潜在客户群体进行沟通，从而对产品市场化起到积极作用。人力资本不仅包含正式教育水平，还涉及以往的工作经历或其他一些额外的技能，这些都使技术人员能够有效地管理和推进新产品的开发项目以促进技术创新（Brown & Karagozoglu，1993）。当然健康也是人力资本的重要组成部分。Schultz（1961）提出的人力资本概念就囊括了教育、健康和移民等因素。健康不仅提高了劳动者的生产效率，延长了劳动者的劳动时间，还提升了劳动者受教育的机会，因而是人力资本的重要组成部分。

研究就业理论的学者（Shen，2015）将求职者的能力分为两类：一类是能通过证书证明（Certifiable Qualification）的资质和能力。也就是上文提到的教育水平、技术能力、工作经验等。这些对于招聘方来说很容易就能观察到。另一类则是包括性格因素、工作热情、工作态度、认知能力、交际能力、学习能力等。由于这些特质在应聘过程中是不容易被观测到的，因此被视为不可证明资质（Un-certifiable Qualification）。对于创新来说，学习能力和认知能力是尤为重要的。社会认知理论认为，在观察其他人一系列行为后，个体能够进行模仿，从而学会新的技能（Bandura，1977）。观察学习的过程并不是简单的行为重复，而是包括了一系列复杂的思维。尽管后天的培养（教育或工作经验）能极大地提升创造力和学习能力，但对于创新来说天赋的作用仍然不可忽视，因此可以将它和人力资本区别开来。

集体层面一个比较有争议的因素是团队异质性问题，可以用团队成员个体文化、背景、教育水平差异程度等指标来衡量。一般而言，个体文化背景的差异将不利于信息的沟通和知识的传递。因而团队异质性对创新产生负面影响。不过以往研究也发现，如果团队中能够解决因个体差异而造成的交流障碍，差异化反而会促进创新绩效（Harryson 等，2008）。当然，这还要取决于团队人数。在微小型企业中，人数常常是非常有限的，所以每个人都有不同的职业背景和明确的分工。在此基础上，差异化能保证个体基于自己的工作背景、专业知识提出独到的见解和意见。因此，个体差异最终会成为创新的动力（邓渝和范莉莉，2014）。作者通过对481个样本进行微观研究，也证实了这一观点。事实上，个体差异越大，在工作中面临的争议和冲突也越大，而正是这种激烈的交流促进了观点的表达和信息的交换。

研究中观层面影响创新能力因素的文献也很多。不少学者从创新产品本身寻找企业在创新中胜出的关键，包括产品的复杂程度（不易模仿）、产品相对优势、产品性能与兼容性等（Wolfe，1994；Hage，1999）。当然本书主要还是聚焦于产品以外的影响因素，如创新氛围和工作环境。创新氛围指的是工作环境中支持创造力和创新研发的程度。这通常是员工主观上的感知，因而会影响员工的态度、价值观、创新行为以及信念价值观等（王雁飞、朱渝，2006）。Payne等（1976）在早期的研究创新氛围中认为，创新氛围通常包括共同的信仰、信任和开放以及自由和信仰等。这些元素与社会资本有一定的重合性。创新氛围可以从几个方面影响企业及员工的创新绩效。首先，良好的工作环境能够有效开发企业的人力资源，培养员工的责任心，以提升他们的科研和创新能力。其次，创新氛围还鼓励传递与共享知识和技能以便员工能更好地理解相关项目和应用其创造性思维。当然专利的研发以及专利产品的市场化都伴随着较大的风险，因此员工团队会面临较大的心理压力。良好的氛围能有助于将这种焦虑情绪转化为正面因素激励产品的研发和市场化。

中观层面因素还包括领导者能力以及下属心理激励等因素。有研究认为，领导者的能力是影响员工创造力的最重要因素（Hu等，2013）。在一个集体中，领导者一般都拥有崇高的地方，掌握关键性的权利，并支配着较多的资源。因此，领导者对于普通员工有不一样的吸引力。如果其本身拥有较高的创造力对员工也是一种激励和模范作用（潘静洲等，2013）。此外，国外的实证研究还发现，领导者解决冲突的能力、与下属沟通的能力、对异质员工的宽容性等因素都与团队创新能力有关。除此之外，心理因素也是影响员工创造力的重要条件。其中，赋权理论起源于现代组织行为学，是管理学理论中常常会提到的一个问题。基于工作需要，管理层级常常需要赋予下属一定的决策权和行动权，以便使下属能够充分地完成工作任务。心理赋权则是员工所感知到的上司对其赋权的程度。适当的赋权能产生正向的激励作用，因而有助于提高员工的创造力（Spreitzer，1995）。

📖 社会资本及其对创新意识和创新产出的影响

事实上，公司本身的一些特征也对创新活动有重要的影响力，如公司规模的大小。不过这方面的研究还未形成一致结论。Vicente 等（2015）对这方面的文献进行了梳理和总结。早期熊彼特的理论认为，公司规模越大越有利于技术创新，因为它们拥有足够的资金和技术，因此是重要技术的创造者。不过小企业也有自身的比较优势。例如，大企业擅长于渐进式创新，而小企业因为本身的灵活性更擅长于激进式创新。因此，小企业在推广新产品时更有效率。还有学者研究小企业和大企业在不同产业部门的创新能力差异。例如，小企业在电器制造业、食品行业的创新表现更为突出。而大企业的创新则在知识密集型行业有领先优势。此外，企业战略也与创新能力息息相关。Lukas 和 Ferrell（2000）将企业战略划分为市场导向型和技术导向型。而前者又可以进一步划分为消费者导向和竞争者导向两类。企业战略对企业创新的影响最终还体现在激进式创新和渐进式创新上。例如，竞争者导向战略的公司更适用于渐进式创新，而技术导向型更适用于激进式创新（Spanjol 等，2011）。

组织层面因素最常被国内外学者广泛研究的是企业协同创新或产学结合。也就是企业与其他主体包括政府、研究机构、消费者、产业上游或下游企业之间的合作关系。只要各个主体之间形成良好的协调机制，就能促进技术创新和产品开发（Schoonhoven 等，1990）。Li 等（2013）的研究也发现产学结合质量高的区域，其创新能力要远远高于公司占主导地位的创新区域。按研究层次，社会资本理论可以分为微观、中观和宏观。中观层面的社会资本理论一般就是研究企业或其他组织的社会资本问题。在这方面有建树的学者很多，其中 Westlund（2006）就非常关注企业与其他主体之间的关系网络。他将企业社会资本分为内部和外部两类。企业内部社会资本与 Tsai 和 Ghoshal（1998）强调的观点基本一致，主要涉及工作氛围、企业员工之间的信任、规范和共享价值观。企业外部社会资本则涉及企业与其他市场和非市场行为主体的关系，关系越密切对提高企业绩效越有帮助。

在宏观层面，产业特征是影响创新绩效的一个重要因素。一般而言，产业规模越大、增长越快越有利于新技术、新产品的推广，因为高增长通常意味着高回报（Cooper & Kleinschmidt，1990）。在竞争激烈的产业环境中，企业的创新能力也更为突出，这是因为对手压力会使企业不得不努力地探索和创新（Soni 等，1993）。此外，还有学者发现当企业处于波动性较大的行业中时，对创新的积极性更高（Stock & Zacharias，2011）。这主要是因为在波动的环境下高质量的创新产品能给企业带来更多的竞争优势。制度是宏观层面影响创新能力的又一重要因素。制度本身包罗万象。田金英、龚爱民（2003）以美国为案例分析了各种制度对技术创新的影响，包括教育制度、科技政策、金融政策、贸易政策等。例如，按照制度经济学大师科斯的思想，本书从制度的功能角度将与创新有关的制度分为：保障创新主体权利的制度、培养创新文化氛围的制度以及降低创新活动成本的制度。Chataway 等（2004）发现在制度缺失的情况下，生物技术、航空航天等知识密集型企业没有动力来推动创新，或者只选择风险最小的、最灵活的创新产品，过多的规范和制度也会成为企业创新的阻碍。

基础设施是影响创新能力的一个重要因素。在不同的学科领域，基础设施有不同的定义和分类。通常情况下，基础设施包括环境卫生设施、公共住宅设施、社会福利设施、公路、铁路、港湾、航空、通信、农业设施等。本书按照以往文献讨论的范围只粗略地将基础设施划分为市政设施和道路设施。前者主要指的是城市内部的基础设施，而后者指的是市区直接的跨区域设施。早期 Romer（1986）的研究指出了溢出效应在创新及经济增长中的作用，而以往的研究又大多将地理位置的相近性作为技术溢出强度的衡量指标[①]。这事实上就说明交通联通性对技术创新的作用。Fernald（1999）算是第一位系统讨论交通基础设施对区域生产力影响的学者。他利用 20 世纪 50 年代到 90 年代美国的工业及交通数据证实了道路交通对工业产值的影响。不过这种积极的作用只局限于车辆密集型产业（Vehicle-intensive Industries）；同时这种促进作用是一次性的而非持续性的。Cosar（2014）基于印度的相关数据进行研究，发现交通基础设施通过降低交易成本，促进对外贸易的方式来提升技术创新水平。事实上，基础设施主要通过降低交易成本，促进信息流通的方式来提高技术水平。以美国为例，高速公路密度每上升 10%会在接下来 5 年内带来 1.7%的创新产出增长。在此基础上，我国学者郭鹰（2015）也进行了类似研究。作者发现公路质量水平对我国创新产出有显著影响，这种正面作用在西部地区更为显著。但公路总量水平与创新产出并不相关。由此，作者认为交通基础设施的质量是影响创新能力的关键。

---

① 尽管也有学者用种族相近或社会文化相近替代了地理位置以考察技术溢出的影响，但主流观点还是认为地理位置在技术溢出中的作用最显著。

3.2 社会资本与创新产出的理论关系

讨论社会资本与区域创新关系的文献非常多,但缺乏系统性的研究。因此为行文方便,笔者在前文提到的系统性分析框架的基础上加入了社会资本因素,具体如图3-1所示。按照定义,将社会资本视为促进协同合作的精神性资源。包括社会网络、社会参与维度以及社会信任、价值观和行为准则维度。两个模块对应的是Nahapiet和Ghoshal(1998)提出的结构型社会资本和认知型社会资本。前者指的是实际存在的社会网络和社会关系,后者指的是促进社会网络和社会关系形成的观念性要素。社会资本在微观层面主要通过提高个体人力资本水平和创新意识来促进区域创新。这其中又具体包括就业匹配、教育水平、创新型人格特质等。企业层面,社会资本通过提升心理安全感和相互学习交流频率营造创新氛围。同时,社会资本还能促进企业做出更多的创新决策。宏观层面,社会资本有利于形成开放包容,建立支持创新的制度环境,提升新产品市场化能力,从而促进经济增长。具体分析如下:

(1)社会资本与创新——微观层面。社会资本影响创造力的途径首先依赖于社会网络维度。Allen和Henn(2007)就发现高水平创新团队拥有的关系网络要多于低水平创新团队。Ahuja(1998)发现,与企业建立直接伙伴关系的组织越多越有利于创新产品的市场化。按照Gu等(2014)的研究,从个人层面来说与创造力有关的社会资本或社会网络可以分为两类:第一类是研发人员个体与同事之间的网络关系。显然,与同事保持稳定密切的关系有助于相互帮助,获取对方建议从而提高工作效率。而信任因素在其中也扮演着重要角色。信任水平高意味着可以自由表达个人看法,而不用担心意见不合造成的冲突。第二类社会资本属于个体成员和团队领导之间的关系。如果能从领导处获得有力的支持和建议,将有助于研发工作的顺利开展。而研发成员与团队外部人员的社会资本也非常重要。由于不同的专业背景,外部成员可以使研发人员获得额外的信息和知识以改善其思维方式,这实际上就是Granovetter(1973)一直强调的"弱关系"理论。

3 社会资本与创新产出

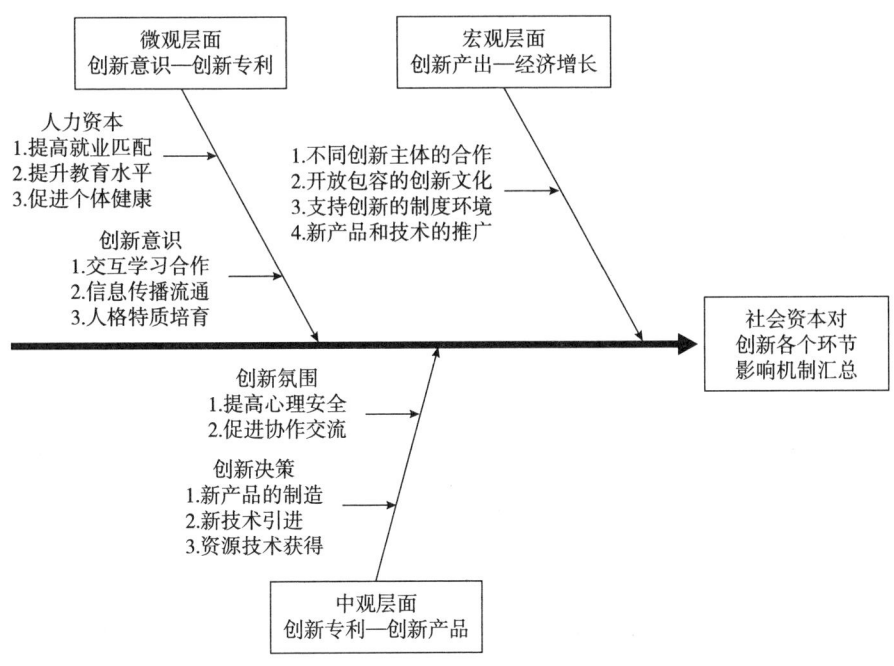

图 3-1 社会资本与区域创新的关系

认知型社会资本,即社会资本的信任和价值观维度对创新意识的培养,更多体现在人格特质上(熊艾伦、蒲勇健,2017)。信任是认知型社会资本的主要元素。心理学研究认为,信任感最初萌芽于孩童时代的成长过程。随着孩子与同辈、长辈的游戏、学习和交往的不断深入,信任感也得以扩散和强化,最终植根于人格结构中。而信任的对象也从父母、亲戚扩展到社会甚至陌生人。人之所以选择信任行为而非背叛行为,主要是因为对忠诚、公平、互惠等要素的价值期望。对他人信任程度高的个体都愿意通过互惠互利的方式实现合作共赢,因此,属于外倾型人格。而这种人格有利于知识分享,因而也有助于创新意识的培养。此外,不论何种文化背景的社会个体,对家人的信任程度往往高于陌生人。这主要是因为与陌生人缺乏了解,因而有较高的不确定性。而对陌生人信任程度较高时,可能说明该个体善于处理不明朗的情况,因而具有较高的模糊容忍水平或较低的不确定性回避水平。因此,社会资本既强化了个人创新意识中的智力因素，同时也有助于强化非智力因素。

关于社会资本与教育人力资本的关系最早可追溯到 Coleman（1988）的研究。他讨论了美国家庭社会资本与美国青少年辍学率之间的关系，并认为社会资本是将青少年留在学校学习的一个重要因素。Lee 和 Brinton（1996）关于韩国学生的研究以及 Ssewamala 等（2010）关于非洲青少年的研究都得出了类似的结论。我国学者边燕杰发表了一系列文章讨论社会资本与就业之间的关系。在不考虑负面影响的情况下，社会资本作为补充性的就业渠道能够提高就业率以及劳动者和岗位的匹配程度，因而是有助于人力资本提高的（Bian 等，2015）。Allen 等（2017）基于综合社会调查数据指出，社会网络的使用对求职者工作满意度的提升还具有正面作用。这不仅体现在教育水平较高的求职者身上，也体现在低端就业者身上。而工作满意度的提升，对个人创造力也有一定的积极作用。

关于社会资本与健康的研究也数不胜数。Fujiwara 和 Kawachi（2008）认为，社会资本主要从三个渠道影响居民健康水平。首先，通过社会网络，居民能够更多地了解资讯。例如，如何正确防治疾病，如何得到有效治疗等。其次，报告认为即便是在发达国家，对于非正式的医疗护理服务仍然有较大的需求。社会资本水平相对较高时意味着更多居民愿意为他人提供非正式的医护服务，从而提高整体健康水平。最后，公民可以通过积极的社会参与游说政府在医疗福利领域投入更多的资金以提升健康人力资本水平。熊艾伦等（2016）基于中国综合社会调查数据对社会资本与个人健康关系进行了实证检验。研究表明，强关系提升了城市居民健康水平，但对农村居民作用不大；弱关系对老年人和农村居民健康水平有促进作用。而社会资本对 BMI 的改善作用也主要集中在女性和城市样本上。本书证实了社会资本对不同社会群体健康状况的影响存在差异性这一观点，并进一步指出这种差异性还体现在不同类型的社会资本和健康指标上。

（2）社会资本与创新——中观层面。在中观层面，本书主要以企业为分析对象，讨论的是创新过程中从发明到产品实现的环节。网络关系是企业层面社会资本的重要构成要素。社会网络能够带来知识和技术的扩散。当然，社会网络带来的影响取决于社会网络的规模、网络位置（结构洞理论）、网络性质（强关系、弱关系）等。例如，一般而言，企业所拥有的网络规模越大，越容易从各种渠道获取有价值的信息和资源，从而提升自己的创造能力。弱关系带来价值信息，强关系则意味着更多不求回报的帮助。而结构洞理论指的是在网络所处的不同位置对信息资源的掌控程度。一般而言，能够将不相关的两个个体联系起来的第三方就在网络中占据了结构洞位置，而该第三方相对来说拥有更多的信息和资源。网络除了带来创新必备的知识和信息外，还有助于发明向产品的转化，尤其是创新持有探索性态度的公司。企业家自身的社会资本也是企业社会资本的重要构成要素，这在国内外的研究中均有体现（Westlund & Jonnasson, 2003；石秀印，1998）。由于企业家（经理层）在企业中作用特殊，其自身拥有的社会资本也可以作为企业的社会资本通过获取信息、整合要素、降低交易费用、获取关键资源等渠道促进技术创新（吕淑丽，2007）。

对组织来说，社会资本的另一个作用是营造适合创新的工作氛围。如果说社会网络带来的信息流动和资源整合是企业外在社会资本的体现，那么信任和价值观带来的良好工作氛围可以视为企业内在社会资本。顾琴轩和王莉红（2015）认为，社会资本对创新团队工作氛围的影响主要体现在心理安全和学习行为两个方面。他们的研究指出，以心理安全作为主要特征的工作环境能够有效地促进创新行为。所谓心理安全指的是团队成员之间能够互相容忍错误和不同观点，对于冒险性的行为包容程度高。这意味着团队会经常进行讨论、反思、评估等学习活动。在心理安全程度较高的环境中，团队成员能够提出自己的观点而不担心被拒绝或处罚，因而有利于创新的产生。显然，社会资本强调的信任以及合作有利于形成共同的团队信念和高质量的人际关系，促进了成员对新工作的探索和对旧工作的反思，因而有利于提高团队创新绩效。熊艾伦等（2019）基于世界银行企业调查数据探讨了经济危机期间影响我国企业创新决策的关键性因素。分析指出，企业与客户和合作伙伴的关系越好，引入新设备、新行政管理制度、新的质量管理体系、推出新产品以及研发新产品的概率越高。而与供应商和分销商的关系越密切，推广新产品、采用新技术的概率也越高。由此可见，社会资本有助于企业采取创新决策，缩短新产品开发时间，确立竞争优势。

（3）社会资本与创新——宏观层面。宏观层面，本书认为社会资本主要通过营造制度环境以及促进开放的文化环境来提升创新水平。关于社会资本与制度绩效的讨论最早可以追溯到普特南的著作《使民主运转起来》。该书的核心理念是社会资本对提高制度绩效起着关键作用。社会网络强化了个体与个体的联系，使大家对他人更加理解和包容，从而强化共同利益，弱化自我利益；为追求同样的目标而达成合作，因而有利于协调创新。此外，社会资本还强调公民参与。当越来越多的人参与政策咨询时，政策制定者能够更好地了解公民的需求。权力下放和公民参与带来的另一个好处是减少腐败。Graeff 和 Svendsen（2013）的实证研究表明，拥有较高信任程度的北欧国家政府比信任程度较低的东欧国家要清廉。关于社会资本与制度的关系，还可以用一个简单的序贯博弈模型来进一步解释（见图3-2）。

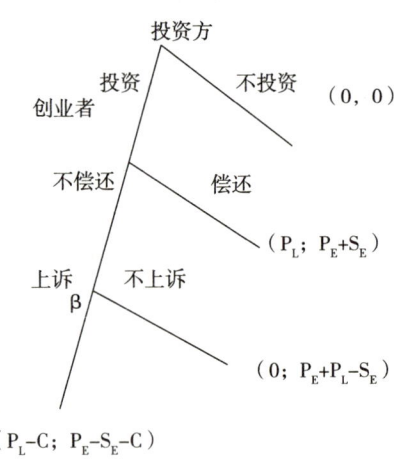

图3-2 社会资本与制度绩效

假设创业者需要募集资金以支持自己的创新创业活动，投资者可以选择借贷或不借贷。如果不借款，双方不发生任何收益和费用。假设投资后创业者成功创业后选择偿还或不偿还。如果偿还贷款则创业者获得实物收益P_E以及因为及时偿还贷款获得社会资本收益S_E，而投资者可以获得实物收益P_L。如果创业者不偿还贷款则双方进入申诉阶段。投资者有一定概率β胜诉，因而获得收益P_L。如果不上诉，则投资者无收益。对于创业者来说，如果投资者不上诉，则获得实物收益P_E+P_L，但因为有不良行为而损失社会资本S_E；如果投资者上诉，则有一定概率无法获得投资者那份收益并承担诉讼成本和损失社会资本。模型可以使用逆推法来求解。对于投资者来说，上诉与否取决于上诉的成本、收益和胜诉概率。如果败诉则需要承担成本，只有胜诉才能获得收益。而对于创业者来说，是否偿还贷款也主要取决于对胜诉概率的判断。这里的胜诉概率实际上指的是正式制度的作用。很明显,当贷款者对制度信息不确定时,社会资本可以作为正式制度的补充来促进还款行为。因为即便创业者胜诉,只要社会成本收益大于创业者侵吞贷款的收益,创业者也还是会进行还款。由此可见,社会资本的存在属于软性制度约束社会个体的行为。Ahlerup 等(2009)曾利用了一个更复杂的模型来说明该问题。

除了上述理论外,也有一些学者利用多部门的经济增长模型来衡量社会资本对创新及经济增长的影响。这些模型的共同点是认为社会资本来源于个人或家庭的社交行为。例如,严成樑(2012)将个体效用函数设为:

$$\max \int_0^\infty (\ln C + \beta \ln S) e^{-\rho t} dt \quad (3-1)$$

其中,C 和 S 指的是消费水平和社会资本水平。由于家庭可以将一部分收入投资在社会资本的经营中,如维持人际关系、参与社会活动、走亲访友送礼等,因此家庭的预算方程可以表示为如下形式:

$$\dot{K} = rK + w(L_Y + L_A) + \int_0^A \pi_i di - P_A \dot{A} - C - I \quad (3-2)$$

其中,rK、$w(L_Y+L_A)$ 分别表示家庭的资本性收入、劳动收入。而 I 则意味着家庭用于社会资本积累的支出。作者利用以上方程并结合其他生产部门以及 R&D 部门的产出方程,求出了一个最优解,从而得到社会资本通过提高 R&D 生产部门的效率来促进经济增长。

与之类似的是,Agenor 和 Dinb(2013)认为,个人将时间分配在劳动、教育和社会资本经营上,其约束方程如下:

$$\varepsilon_t^W + \varepsilon_t^S + \varepsilon_t^H = 1 \quad (3-3)$$

其中,W、S、H 分别指的是工作、社会资本和教育学习,三者占据了个体全部的时间。而个人的效用方程可以表示为如下形式:

$$U_t^j = \eta_C \ln c_t^{t,j} + \eta_S \ln K_t^{S,j} + \frac{q_t}{1+\rho} \ln c_{t+1}^{t,j} \quad (3-4)$$

很明显这与严成樑(2012)的研究类似,个人的效用主要由消费和社会资本水平构成。结合其他生产部门方程,作者认为社会资本通过促进产品模仿(Product Imitation)来提升经济发展水平。如前所述,这些模型认为社会资本拥有其他实物资本的一些属性。事实上这一点还存在一定的理论争议。Akcomak(2011)总结了如下两点:首先,社会资本很多时候并不是通过刻意投资而产生的,而是很多其他社会活动的副产品(By-product)。例如，上学期间的同窗好友、服兵役期间的战友、上班工作时的同事都属于人际关系网络中的重要一环。而社会资本也不像其他资本形式一样具有排他性，即个人并不能拥有社会资本，社会资本只存在于一定的关系网络中。其次，关于社会资本的折旧也是学术界争议的一个问题。物质资本会随着使用次数的增多而加快折旧，但社会资本的折旧则有很大的不确定性。由此可见，社会资本并不能简单地像人力资本、物质资本那样进入生产模型。

3.3 以往文献存在的不足与缺陷

在前面的章节中，我们简单地回顾了社会资本定义、概念以及影响社会资本形成的相关因素，同时也梳理了社会资本对区域创新的作用机制，但对于社会资本来说还有许多亟待解决的理论争议。Arrow（1999）认为，社会资本并不具备资本属性。例如，社会资本并不能被明确投资，其通常是社交活动衍生出来的一种副产品。此外，社会资本也不能被个人所拥有，不符合资本的排他性等。Borgatti 和 Foster（2003）从严格意义上来说并不算一种理论，它只是将众多心理学、经济学或社会学中的要素进行一个简单的整合。理论上的争议也将影响实证分析的结果。这也是为什么许多关于社会资本的实证研究都得出了截然相反的结论。因此，在展开本书的实证分析之前，需要指出以往社会资本理论存在的争议以及以往文献存在的不足之处。我们将重点讨论指标的选择、内生性问题和控制变量选择。这样做的目的是确保在后续的实证研究时不会出现方向性的错误。事实上，计量经济学大师李子奈就曾发表一系列文献（例如，李子奈和齐良书，2010；李子奈，2008、2010）指出，目前计量实证类文献较常出现的两类错误："自欺欺人"与"自娱自乐"。"自欺欺人"指的是缺乏科学性理论指导的实证检验；而"自娱自乐"指的是对人所共知的理论进行复杂多余的实证检验。李子奈还指出，除了对拟研究问题的理论本身熟悉之外，要做出科学的研究发现还需要对计量经济学基本哲学问题有所了解。因此，本节将结合有关哲学知识讨论以往社会资本研究文献存在的缺陷。

由于经济系统的非实验性，通常需要利用回归分析来解释经济运行的普遍规律。因此，实证研究的目的主要揭示变量之间的因果关系。因果关系的第一个前提应该是作为原因的 X 能被准确观测、解释和定义。如张五常（2014）所说："要验证甲的发生会导致乙的发生，甲和乙一定要真有其事，起码在原则上要摸得到、看得着，因此不是真有其物的变量应当尽量避免。"尽管社会资本是一个抽象概念，但它是确实存在的。因此，因果关系的第一个要素便得到满足。

因果关系第二个要素是解决如何衡量 X 和 Y 的变动。如果将结果 Y 视为经济增长，那备选的变量主要包括 GDP 或人均 GDP 等直观指标。但社会资本的测量则要困难得多，由于它并不是一个可以直接测量的概念，因而在计算时常常需要引入替代指标。尽管一些学者和机构提出了测量社会资本的综合指标体系，更多的学者倾向于使用诸如信任水平、社会团体密度、无偿献血率等单个指标来衡量社会资本，但对这些测量指标的适用性研究还比较缺乏。因此，实证文献面临的第一个难点是如何准确对社会资本进行测量。

因果关系的第三个要素是原因 X 发生的变化在时间上要先于结果 Y 发生的变化。这也就是休谟提出的关于因果关系三要素之一的时间顺序（Succession）。但在现实世界中，变量与变量之间常常是相互联系、相互影响的，这就产生了经济学家常说的内生性问题。解决内生性问题的方法包括倾向性得分匹配、间断回归设计、工具变量法、动态面板等；而社会资本相关文献主要使用的是工具变量法。遗憾的是，目前的研究还没有提出令人完全信服的工具变量指标。因此，实证文献的第二个难点是如何处理内生性问题。

实证文献中第三个难点在于梳理控制变量以便合理地解释原因 X 导致结果 Y 的作用机制。不论在回归分析中得出的统计关系式多么强或多么有启发性，要谈论因果关系必须诉诸理论上的思考事实，国外许多研究都认为社会资本与区域经济增长不相关甚至负相关，或无法得出确切结论。由于经济系统中常常存在"时变性"，即经济运行规律随时间或地域而改变；许多因素可能只在某些特定的环境下才对经济增长有显著作用，而不具备普遍性。

3.3.1 测量指标的选择

美国哲学家托马斯·库恩提出了科学范式理论。它指的是一个共同体成员所共享的信仰、价值、技术等要素的集合。它不仅是常规科学所赖以运作的理论基础和实践规范，也是从事某一科学的研究者群体所共同遵从的世界观和行为方式。从本质上来说，范式是一种理论体系，即一种公认的模型或模式。在库恩看来，范式是一种对本体论、认识论和方法论的基本承诺，是科学家集团所共同接受的一组假说、理论、准则和方法的总和，这些东西在心理上形成科学家的共同信念。根据库恩的相关思想，科学理论的发展可以粗略地分为前科学—常态科学—科学革命三个阶段。

在前科学时期，研究者还没有形成统一的范式。大家各自持有不同的观点和方法，对许多问题也没有一致性的意见。简单来说，处于前科学阶段的理论，不具备太大的指导性作用。由于没有形成该领域解决问题的基本思路和共同方向，前科学理论无法发挥纲领性作用。而常态科学指的是存在公认的可以推荐后续研究的理论基础。常态科学就是在一定的典范下直接去解决该领域的难题，这一过程被称为"解谜"（黄光国，2006）。处于范式阶段的常态科学的目的在于精炼范式，增加范式预测与事实之间的吻合度。而科学革命阶段则主要指的是对范式的重新调整。由于任何理论都不能穷尽真理，当越来越多原有范式不能解释的"例外"出现时，科学家则面临对范式的调整。

尽管社会资本理论已被各国学者进行了广泛研究，但它还只是处于前科学或前范式阶段（Fulkerson & Thompson, 2008）。这意味着社会资本研究还没有形成科学共同体，还存在众多争议。同时，这也意味着在实证研究中需要解决这些争议性再考虑应用理论解决实际问题。如前所述，尽管许多学者认为，社会资本能够通过金融发展、创新研发、资本积累、外贸开放等途径促进社会经济发展，但许多实证研究却给出不同的结果。Westlund 和 Adam（2010）利用 Meta Analysis 方法（元分析）总结了37篇关于社会资本与经济发展的实证文献（作者一共总结了65篇，但只有37篇是研究宏观层面社会资本问题的），并发现有20篇文献的结论没有支持社会资本显著促进社会经济发展这一结论。随后又在此基础上补充了2010~2015年的中英文文献共计86篇。补充文献详情可见表3-4，2010年以前的文献可参见 Westlund 和 Adam（2010）的研究。

在分析这些文献以前，还有必要简单介绍一下文献检索的原则以及 Meta Analysis 方法（元分析）。由于本书考虑的是宏观层面社会资本问题，因此检索时主要的关键词为"社会资本+经济发展（区域发展）"，同时还要对经济发展具体方面进行检索，包括"社会资本+金融""社会资本+产业集聚""社会资本+对外贸易""社会资本+环境保护"等，以确保不遗漏重要变量。中文文献本书主要参考 CSSCI 收录期刊，以保障文献质量，而英文文献则依据几个主要英文数据库，并不局限于 SSCI 或 SCI。最后，剔除了研究微观和组织层面社会资本的文献。而元分析本身也是国内外综述类文献常见的分析方法。科学研究经常需要反复进行同样的研究，这是因为单个研究的结果偶然性较大，因而无法得出令人信服的结论。因此，需要在不同的环境和背景下多次重复试验。元分析就是对这种多次试验结果的总结。通常会有一些简单的统计分析，以便于决策者可以从数量众多、结果各异的研究中提炼出科学理论的本质。

结果显示，在 86 篇文献中有 31 篇文章得出了与理论预测不符的情况，包含以下几种类型：①文章使用了多个社会资本指标，而有部分指标不显著或负相关。②文章考察了多个国家和地区，某些国家的社会资本与社会经济发展正相关，而某些样本国得出相反的结论。③文章使用了时间序列数据，发现只有在某些特定时间段社会资本才与发展正相关。④文章结论认为社会资本与发展负相关。Westlund 和 Adam（2010）认为，导致结果分歧的一个重要原因是学术界缺乏对社会资本测量指标适用性的研究。一般而言，回归分析的目的是研究变量之间的因果关系以解释经济运行的基本规律。所有进入回归方程的变量实际都是假定因变量是原因，自变量是结果。因果关系实际意味着原因的变动引起了结果的变动。那么首先需要解决的是如何衡量原因和结果的变动。如果说结果是经济发展，那么可以选取人均 GDP、GDP 增长率等指标。如果结果是技术创新，则可以选取专利数量、论文数量、高科技产品出口等指标。虽然这些指标都未必能详尽地反映因变量，但它们都基本被学术界广泛认同。但作为原因的社会资本的测量却要困难得多。由于这不是一个可以直接观测的指标，只能使用一些替代指标。目前文献较常使用"信任""社团密度""投票率""无偿献血率"等。

"信任"可以说是社会资本最核心的要素，以信任作为社会资本测量指标的实证文献也多不胜数。尽管不同的学科对信任的内涵和定义有不同的解释，但对于社会资本理论来说，"信任"通常指的是普遍信任（Generalized Trust），也可以称为公民信任。在国外的文献中，信任数据主要来源于世界价值观调查或欧洲价值观调查等权威调查问卷数据。如果该问题的答案设置为5分制或10分制，学者通常将区域内所有受访者的平均分加权处理后视为该区域的信任水平（Akcomak & ter Weel，2009）；如果答案的设置为"是/否"，学者则将选择"是"的受访者占全部受访者的比重作为地区信任水平（Roth，2009）。国内文献关于信任的数据主要来自张维迎和柯荣住在2002年所做的一项问卷调查。该调查要求受访者为不同省份企业的诚信行为进行评分，且调查对象主要为企业中高层管理人员。还有一些研究使用国际信用评估与监督协会所颁布的《中国省级地区信用排名报告》中的诚信数据。该数据是基于协会数据库中各个地区及其企业的诚信行为计算得出的一个综合指标。除此之外，还有学者使用中国综合社会调查数据（CGSS），该数据中的信任水平与世界价值观调查类似。

Westlund和Adam（2010）认为，现代社会中应该至少存在三种类型的信任，即商业信任、政府信任和公民信任。第一种信任主要涉及对经济合同或契约的执行力；第二种信任主要涉及公众对政府运作能力的信心和态度；第三种信任则主要涉及公民之间日常责任和义务的履行。很明显，张维迎和柯荣住的研究主要涵盖的是商业信任而非公民信任。社会资本理论所探讨的信任和互惠更多应该指的是公民间的信任。值得注意的是，商业信任未必能与公民信任相重合。波兰尼在其著作《大转型》一书中提到，行为主体在市场交易中体现的是以利益最大化为目的的经济属性，而在社会活动中体现的是以互惠和再分配为原则的社会属性。这种观点与后来的公民社会理论相似。本书已在前面的章节对此展开过讨论。由于个人在参与经济活动和公民社会活动时遵循着不同的价值观和指导原则，这两种类型的信任也不一定完全重合，因此不能将经济信任解释为公民信任。

事实上，将世界价值观调查中的信任数据作为社会资本的衡量指标也仍然存在一些问题。首先，每个受访者对"大多数人"的定义都不一样。可能有些受访者认为，"大多数人"指的是周围和自己有关系的人，而另一些人则认为"大多数人"指的是与自己无关的陌生人，因此，受访者中若前一类人群的比重较高得出的信任得分往往也较高。许多学者都对此表示疑义（Akcomak & ter Weel，2009）。事实上，文化背景是影响受访者解读这一问卷问题的关键性因素。例如，Delhey等（2011）的研究认为，东方文化拥有较狭隘的信任半径，即在回答此问题时倾向于将朋友或熟人理解为"大多数人"。而西方人则拥有较宽泛的信任半径，因而会将"大多数人"理解为与自己无关的其他人。本书已在前面的文献中证实了个人对家人的信任程度最高，对朋友的信任程度次之，而对陌生人的信任程度最低。很明显，对家人的信任来源于血缘关系，是一种与生俱来的信任感；而对朋友的信任主要来源于过往的经历，类似于学者所说的信任来源于重复博弈；而对陌生人的信任则完全出于自身的预期，因而面临较高的不确定性。但对陌生人信任的地区差异确实是存在的，可以将这种差异解释为社会资本。即社会资本提高了我们对陌生人信任的预期。显然，在跨文化研究中，对"大多数人"的信任不适合作为社会资本的测量指标。这也是为什么在前面的章节中使用了三种不同的信任类型，而不使用对"大多数人"的信任水平作为社会资本的衡量指标。

"无偿献血"也是社会资本研究中较常使用的测量指标。一般认为，献血是公民精神和公民道德的体现，同时也是对他人的关爱和同情。因此，无偿献血率较高的地区，社会资本存量也应当较丰富。但 Bekkers 和 Veldhuizen（2008）发现，虽然公民对无偿献血的积极性存在明显的地区差异性，但与其他社会资本元素，如互惠或公民精神之间却无明显关联。根据网易数读的数据显示，在我国，农民工是无偿献血的主要人群。以北京市为例，2014 年，服务业从业人员占据了献血总人群的 43%，而公务员等文化素养和道德水平较高的群体却几乎不参与无偿献血。农民工参与无偿献血主要是因为存在一定的利益诱因。许多地方都规定无偿献血者可在规定时间范围内享受一定数额的免费用血。例如，成都市规定献血者可在 3 年内免费使用 3 倍献血量的用血，而北京市则规定献血者可在 10 年内享受 5 倍献血量的用血。由于农民工群体长期从事体力劳动，因事故或疾病而需要用血的概率也较大，因此他们的无偿献血行为可能存在一定的利益诱因。这也是为什么无偿献血率无法作为衡量社会资本的指标。

还有一些学者（严成樑，2012）将网络使用率作为衡量社会资本中的信息维度的指标，但这事实上也缺乏说服力。关于社会资本与网络之间的关系，国内外学者已经进行了不少的研究，并认为网络在很大程度上可能不利于社会资本的发展。第一，使用者常常会花费大量的时间和精力来利用互联网消遣和娱乐。而网络的互动并不像面对面交流那样能够培养信任感（Putnam，2000）。第二，互联网还会带来懒人主义（Slacktivism）以及数字鸿沟（Digital Divide）等负面影响（Norris，2001）。这些都被视为不利于社会资本培育的因素。互联网的确促进了信息的流通和知识的传递，但这种促进作用还有较大的局限性。众所周知，知识可以分为显性和隐性两种（Polanyi，1958）。显性知识通常是较易被存储、记录以及复制的；而隐性知识则很难被有效地表述和转移，只能通过特殊的方式（如师传徒授）来扩散和传递。互联网的发展虽然大大增强了显性知识的可获得性，但对于隐性知识的传播，以及隐性知识的显性化则收效甚微。而这样的过程是需要人与人之间深入的互动、模仿、倾听、交流来完成的。

此外，国内外文献还大量使用了公民规范、投票率、社会团体（民间组织）等其他单一指标来测量社会资本。前文已经提到，现实生活中并非所有的社会团体都能够促进社会资本的发展。如果要作为社会资本的测量指标，则必须对其加以分类。但这一点在跨国研究中是难以做到的。投票率常被视为公民精神的体现，但公民精神主要还是受体制影响。专制国家公民活动空间要远远小于非专制国家，因此也不适合作为社会资本的衡量指标。公民规范则一般指的是公民对公共利益的重视程度，将其视为社会资本的衡量指标有一定合理性和可操作性。Doh 和 McNeely（2012）就将"是否能公正对待每一件事情""有机会是否会逃税""是否认为公职人员受贿是正当的"等来源于问卷调查的问题作为公民规范的测量工具。不过这一指标并未被大范围使用。总而言之，单个指标都存在这样或那样的问题，无法全面反映社会资本的信息。由于本书将社会资本定义为从信任、互惠、合作、公德、诚实、团结等要素中抽象出来的观念性资源，使用综合指标（见表 3-2）可能是测量社会资本的最佳方法。

表 3-2 社会资本综合测量指标

作者	指标	释义
Callois 和 Aubert（2007）	同质性及社会规范	社会同质性、信任、互惠、集体行动、保守性
	社会网络	正式社交、非正式社交、商业网络、政治网络
Foxton 和 Jones（2011）	公民参与	政治效能、政治信息、组织参与
	社会网络社会支持	邻里关系、社交网络
	社会参与	志愿者服务、宗教活动
	互惠信任	互惠互之、公民信任
	社区发展	社区环境、社区犯罪

续表

作者	指标	释义
Sabatini（2008）	家庭社会资本	亲属人数、互动频率
	邻里关系	朋友人数、互动频率
	社会组织	慈善组织、志愿者组织、生态环境组织
	政治参与	政党参与、政治活动参与
裴志军（2010）	规范及信任	普遍信任、媒体信任、政府信任
	共同愿景	维护社区、社区依附
	社会支持	邻里关系、互帮互助
	社会网络	社交活动、社团活动

不少学者和机构都使用了综合指标体系来测量社会资本（Foxton & Jones, 2011; Callois & Aubert, 2006; Sabatini, 2008）。这三个研究分别针对的是英国、法国和意大利。我国学者（裴志军, 2010）也提出了类似的综合指标体系。总体来看，这些指标体系综合考虑了微观层面和宏观层面的社会资本，但更看重社会资本在宏观层面的意义。尽管这些研究在具体指标选择上存在差异，但基本上都包含了社会资本的三大模块：一是社会活动参与。包括正式的社交活动，如社会团体、宗教组织、志愿者组织或政治活动的参与；以及非正式的社交活动，如健身房锻炼、酒吧聚会、电话聊天等。二是信任和规范，包括公民信任、政治信任以及商业信任。三是集体行动和互惠，包括邻里间的互帮互助、对社区活动的参与。不难看出，除了传统意义上的社会资本指标外，国内外学者都非常看重社会资本在社区的培育和创造。甚至有学者认为，没有社区的发展，社会资本就无从谈起（潘泽泉, 2008）。社区发展的目的是打造守望相助、互相信任、热心奉献的邻里关系。社区成员能够有归属感和责任感，也愿意为社区发展贡献自己的力量。这些目标与社会资本强调的互惠、信任、参与、公民精神等因素之间有较大的关联性。美国明尼苏达大学的一份报告认为，社会资本发达的地区，其社区的发展都有如下特点：更多的志愿者参与社区活动、社区事务；更低的犯罪率；更好的教学水平；更低的辍学率；更完善的公共卫生条件等。由此可见，使用综合指标测量，能够更好地反映社会资本在各个层面的信息。

3.3.2 内生性问题的处理

尽管相关理论认为社会资本能够促进经济发展，但经济发展反过来又会促使公民意识的觉醒以及公民规范的形成。从一般回归方法中得到的证据并不能证明社会资本理论的正确性。因此，许多国内外文献都用工具变量来解决内生性问题。所谓工具变量就是与模型中的解释变量高度相关，但与随机误差不相关的变量。考虑如下一个简单模型：$y = a + \beta x + u$，其中，x 为一个内生解释变量，假设现在存在一个变量 z，并同时满足两个条件：①与 u 不相关，$cor(z, u) = 0$；②与 x，$cor(z, x) \neq 0$。由此可以认为，z 为 x 的一个工具变量。在一篇社会资本与全要素生产率关系的文献中，Bjornskov 和 Meon（2015）总结了社会资本领域较常使用的工具变量。例如，17 世纪的学校数量、大学生数量或法律机构数量。这主要是因为教育水平越高的地区通常社会资本也越发达。科尔曼在其早期著作"*Social Capital in the Creation of Human Capital*"中就提到社会资本能够降低辍学率、提高青少年成绩，因而有助于人力资本的培育。而 Verba 等（1995）的公民参与理论也认为一个人教育水平越高对公共事务参与的热情也越高。其他的工具变量还包括最冷月平均气温以及代语脱落（Pro-drop）。

前文已经提到，由于气候严寒地区的居民自古就形成了一种互惠互助的文化传统，因此这是有利于普遍信任形成的。而代语脱落在一定程度上也是一种文化现象的反映。根据乔姆斯基的语言学理论，代语脱落现象指的是语言中的代词主语被省略的情况[①]。中文的诗词中也常常出现这样的情况。例如，"会当凌绝顶，一览众山小"，这里便没有明显的主语。由于

---

① 普遍语法原则是由乔姆斯基在 1976 年提出的关于人类语言所共有的原则和规则，是人类语言本质的所在。普遍原则是高度抽象的，适用于任何语言语种的共同语法特征。又被称为语言学共相（Linguistic Universals）；包括论旨理论、格理论、X-bar 理论、投射原理、承接原则、递归性等。虽然并不是所有语言都一定具备这些理论原则，但没有任何语言可以违背这些原则。当然不同的语言之间还是存在广泛的差异的，而这些差异可以用不同的参数来刻画，如话题参数、方向参与以及本书所讨论的代词主语脱落参数。乔姆斯基把人类语言分为两大类：代语脱落语言和非代语脱落语言。汉语通常被认为是典型的脱落语言，例如，我们常说"走吧""说吧""下雨了"。而英语是典型的非脱落语言，即单说"Speaks"不能构成一句话。即便主语没有意义，也会采用假位主语，例如，"It is raining"。因此在英语中一定要有主语的存在。当然乔姆斯基的这一理论是建立在印欧语系上的，可能并不适用于其他语系。而代词主语的脱落也不该是简单的"是"与"非"的问题，因此也有学者建议在此基础上添加一个缓冲区以充分考虑语言的多样性。

代语脱落实际上是对个体的不尊重，因此代词主语脱落语言往往存在于集体主义文化中（Bjornskov & Meon，2015）。由此可见，该工具变量的使用实际上是在探究集体主义文化或个人主义文化对社会资本尤其是普遍信任的影响。在前面的章节中已经证明了个人主义文化更有利于普遍信任的形成，但对于其原因还未进行讨论。翟学伟（2014）指出，集体主义社会中个体对于社会关系网络的需求很强烈，因此社会的处罚机制主要体现在一个人及其相关者在其网络中的名声。也就是说，人们更在乎的是特殊信任。而在自我依赖社会中，个人的社会流动性较强。因此，一个人所属的团体及其规范便显得更加重要，而相应的社会制度与社会系统也担当了重要的约束功能。个人主义文化中更强调普遍信任。

如前文所述，工具变量要求与随机误差不相关，即与因变量也不相关（或者说只能通过解释变量来影响因变量）。虽然上述工具变量与社会资本具有较大的关联性，但与经济发展的关联却很微妙（在经济学文献中，社会资本实证研究的因变量包括GDP、区域创新、金融发展等，都属于经济发展领域）。首先，气候、降水、地形等因素和文化塑造有很大关联。光照、降水充足的平原地区适合发展种植业，而气候干冷的高山、丘陵地区适合发展畜牧业。其次，气候条件还和人口集聚有很大的关联。因此，不同的地理环境会诞生不同的文明体系（例如，中国南方的农耕经济文明、中国北方少数民族的游牧经济文明和欧洲的商业经济文明）。文明体系本身又通过多种方式影响经济发展的走向。例如，农耕经济自给自足，但有一定的落后性和封闭性，重农抑商就是农耕文明的一个重要体现。反观欧洲，商业贸易一直都很发达。布罗代尔在其代表作《地中海与菲利普二世时代的地中海世界》一书中就提到地中海国家的商船会在地中海沿线各个口岸反复停靠以不断进行货物贸易。这也是为什么工商业在欧洲如此发达的原因之一。可见现如今的经济格局与几个世纪前的经济或文明体系有较大的关联性。

事实上，研究文化与区域创新的文献也数不胜数。Herbig 和 Dunphy（1998）认为文化中存在一些因素会影响何时以及以何种方式创造及使用新技术。这其中就包括前面提到的个人主义、长期取向、风险规避、权力分配。此外，还包括文化中对改变现状的态度、开放性、宗教因素等。Shane（1993）对文化和创新的关系进行了实证研究。他发现对不确定性的回避是最主要的影响因素。如果文化中对不确定性回避程度较低，则社会更乐于进行创新创造。因为创新往往面临较高的失败风险。此外,个人主义和权力距离还会影响创新过程中风险规避的策略。Hofstede 等(2004)还发现不安于现状的文化更容易催生创业。而创业活动往往是技术创新市场化的一个重要方式。Wennekers 等(2007)分析了风险规避文化对21个OECD国家创业活动的影响。研究发现,风险规避程度高的个体不太容易进行创业,但整体文化中风险规避程度高则反而可能会催生创业。这可能是因为风险规避文化使整个就业市场的灵活性受到了限制,反而使创业活动得到了极大的激励。尽管有这么多的文献讨论了文化和创新的关系,但以上几个工具变量都得到了学术界的广泛认同,因此仍然可以将其作为处理内生性问题的方式之一。

内生性问题还可以通过使用动态面板(GMM)模型来解决。面板数据本身就具有一系列优点:利用了更多信息,得到了更有效的参数估计等。而动态面板数据则能够更好地研究复杂的动态问题。由于控制了固定效应,动态面板不仅可以克服遗漏变量问题,还能克服反向因果联系,因此也是处理内生性问题较常使用的方法之一。考虑线性动态面板模型,其基本估计原理如下:

$$Y_{it} = \sum_{j=1}^{p} \rho Y_{it-j} + X'_{it}\beta + \delta + \varepsilon_{it} \tag{3-5}$$

先对其进行差分以便消除个体效应,得到的方程为:

$$\Delta Y_{it} = \sum_{j=1}^{p} \rho \Delta Y_{it-j} + \Delta X'_{it}\beta + \delta + \Delta \varepsilon_{it} \tag{3-6}$$

此时,可以用 GMM 模型对该方程进行估计。GMM 实际上是将因变量的滞后值作为工具变量。例如,当 $t=3$ 时,Y_{i1} 是有效的工具变量,因为它与 ΔY_{i2} 相关,但与 $\Delta \varepsilon_{i3}$ 不相关。以此类推便能形成如下工具变量矩阵:

$$W_i = \begin{bmatrix} Y_{i1} & 0 & 0 & \cdots & \cdots & \cdots & 0 \\ 0 & Y_{i1} & Y_{i2} & \cdots & \cdots & \cdots & 0 \\ \cdots & \cdots & \cdots & \cdots & \cdots & \cdots & \cdots \\ 0 & 0 & 0 & \cdots & Y_{i1} & Y_{i2} & \cdots & Y_{iT_i-2} \end{bmatrix} \tag{3-7}$$

每一个预先决定的变量的相似工具变量便可以形成了。使用动态面板数据来进行社会资本实证研究的文献还不多见,这主要是因为数据获取不易。只有时序较长的面板数据才能使用 GMM 模型。而在以"信任"为社会资本测量指标的文献中，大多使用的是截面数据。因为"信任"的数据主要来源于问卷调查，而问卷调查的连续性不高，因此无法使用面板估计。Li 等（2015）使用了民间组织数量作为社会资本指标，研究了社会资本对中国经济的贡献。作者在稳健性检验中加入了动态面板估计。其结论是社会资本在 2000 年以前对中国经济增长几乎没有贡献，其经济作用只在 2000 年以后才得以显现。这一结论支持了前文提到的观点，即社会资本作用的发挥受环境影响较大。国内研究中似乎也只有严成樑（2012）使用了动态面板估计。其他处理内生性的方法还包括倾向匹配得分和断点回归。不过目前似乎社会资本领域还没有文献使用这两种方法。

3.3.3 控制变量与回归模型的选择

不论是自然科学还是社会科学的发现实际上都遵循这样一个过程：从偶然的、个别的特殊现象开始观察，通过归纳、推论、演绎等方法概括这些事实的普遍规律，从而抽象出具备普遍适用性的理论。然后将这种经验结果与现实比较，从而对理论进行检验。检验的方法包括实验、预测、回归，最后达到对自己本来面目的认识（李子奈，2008）。计量经济学也是如此。李子奈和齐良书（2010）认为计量经济学既是演绎也是归纳。模型的设定和检验是回归分析的两大主要步骤。前者从一定理论前提出发，经由逻辑变形后生成数量模型，这属于演绎法的范畴。而后者则依靠样本以及数据对模型进行统计检验和回归分析。模型在最初设定时有两种技术路线，一种是从"简单到复杂"；另一种是从"复杂到简单"。前者主要是从简单的（包含较少解释变量）模型入手，通过增加新的变量进行多次估计从而得到最佳拟合模型。而后者是从复杂的（包含众多解释变量）模型开始，剔除掉不显著的变量，最后得到一个包含所有规律的模型。李子奈和齐良书（2010）偏向于第二种方法。一方面先验性理论的提出依赖于个人的习惯，具有主观性，理论内容往往与现实不符，因而经不起反复推敲；另一方面从"简单到复杂"的技术路线很可能遗漏了重要变量，而得出错误的结论。不过无论多么细心，一个人不可能穷尽所有变量，因而第二种方法不具备较高的操作性。从社会科学的角度来看，彭玉生（2011）将回归模型理解为：现实＝理论＋误差。也就是说，经验现实由理论和误差构成。这个观点也与证伪主义相近，即认为人不可能提出完备的理论，它一定是与现实有误差的。科学研究的过程是在不断证伪,以使理论尽可能地接近现实。因此,他认为学者大可不必太过于计较模型中的控制变量,可以将其纳入随机残差。不过彭玉生(2011)也认为有三类变量需要纳入模型:其一是对因变量有重要影响的因素,即便不与核心自变量相关,也应该纳入模型。其二是同时影响因变量和核心自变量的因素,只有控制它们才能避免伪回归。其三是中间变量,即需要考虑间接的因果作用。例如,农民的教育水平会影响农民是否采用新技术从事生产,因而最终会提高农业产出。当加入了新技术变量后,教育水平变量可能变得不显著了。因此,教育水平可以看作是影响产出的一个间接因素。

本书主要研究社会资本与技术创新之间的关系。影响创新的因素很多,前文也已经做了简单的归纳和介绍。严成樑等(2010)对知识生产和创新的相关理论及模型做了一个简单的回顾。以研发为基础的增长理论认为,通过对R&D的投入可以生成新的知识,知识的积累又进一步促进创新,从而推动经济发展。因此,Romer(1990)认为,累积性和非竞争性是知识生产的两个重要特质。基于这一点,Romer(1990)提出了一个一般形式的知识生产函数:

$$Y = F(A, X) \tag{3-8}$$

其中,Y指的是产出,A意味着知识存量,X是要素投入;进一步地,可以将知识生产函数转化为如下形式:

$$\dot{A} = \delta L_A^\lambda A^\phi \tag{3-9}$$

也就是新知识主要由R&D部门的劳动力投入L_A和知识存量A构成。当然这其中还包括其他要素,记为δ。两边取对数便能确定一个关于知识和技术创新最基本的回归模型。后续的研究都在此模型的基础上不断增加新的变量。例如,Rivera-Batiz 和 Romer(1991)以及 Jones 和 Willams(2000)强调R&D经费投入的作用,因此可以将生产函数扩展为:

$$\dot{A} = \delta R_A^\kappa L_A^\lambda A^\phi \tag{3-10}$$

其中,R_A表示研发部门的经费投入。而 Porter 和 Stern(2000)又认为,知识本身还具有溢出性,因此一个地区的创新还受其他地区的影响,而不仅仅受本地知识存量的影响。也就是说,其他地区知识存量越多,溢出性越强,对本地区技术创新影响越大。Cheung 和 Lin(2004)则注意到

了全球化与国际贸易对知识创新的影响,因而认为该函数还可以加入外商直接投资和对外贸易等因素。因此,生产函数还可以拓展为:

$$\dot{A} = \delta FDI_{it}^{\mu} IMP_{it}^{\nu} R_{it}^{\kappa} L_{it}^{\lambda} A_{it}^{\phi} A_{-it}^{\varphi} \quad (3-11)$$

以上可以被视为创新产出的一个基本模型。接下来需要考虑加入什么样的控制变量。不妨先对以往研究社会资本与技术创新的实证性文献做一个简单回顾,以考察以前的研究都偏向于使用哪些控制变量。例如,Westlund 和 Lundberg(2007)考察社会资本与日本高科技企业增长率之间的关系时使用了人力资本作为主要控制变量。Akcomak 和 ter Wel(2007)以欧洲 83 个地区为样本进行研究时使用了政府资助作为控制变量。Hauser 等(2007)基于欧盟样本同时考虑人力资本与社会资本对专利申请数量的影响。Lyon(2005)在研究社会资本与意大利 20 个地区全要素生产率关系时使用了固定资产投资额以及就业率作为控制变量。Helliwell(1996b)研究 OECD 17 个国家社会资本与技术效率的关系时使用了教育水平作为主要控制变量。Akcomak 和 ter Wel(2007)扩大之前的样本到 103 个地区,并使用了教育水平作为主要控制变量。同时,在稳健性检验中加入了大量与价值观、文化、制度信任等因素相关的控制变量。Crescenzi 等(2013)在研究意大利地区的创新产出与社会资本关系时还加入了就业率、人口密度作为控制变量。Bjørnskov 和 Méon(2015)在以 50 多个国家作为样本研究信任和全要素生产率关系时主要控制了制度变量。基于同样的样本数据,Doh 和 Acs(2009)加入了就业率、收入差距、人口密度作为控制变量。而 Kaasa(2009)则选择控制制度变量以考察社会资本和创新之间的关系。

参照以往的研究以及计量经济学建模的思路,对需要纳入分析的变量进行简单的汇总,如表 3-3 所示。社会资本是本书重点考察的变量,而核心变量则包括 R&D 投入、R&D 劳动力、资本存量,这几个核心变量都是被纳入一般性模型的基础变量,经过了实践和理论的检验,因而肯定是需要进入模型的。此外,还有一些重要控制变量,其入选的理由主要是因为它们既是影响创新产出的重要因素,又与社会资本有极大的联系,并反复出现在以往的文献中。同时,在上一章中已经梳理了社会资本可能作用于区域创新的途径。综合以上考虑,笔者认为控制变量主要包括经济开放、技术溢出、社会保障、劳动力健康、教育水平、工作经验、政府支持、制度因素、产学结合等。

表 3-3 拟进入模型的各类变量

变量名称	
考察变量	社会资本
核心变量	R&D 投入、R&D 劳动力、资本存量
其他控制变量	经济开放、技术溢出、社会保障、劳动力健康、教育水平、工作经验、政府支持、制度因素、产学结合

3.4 本章小结

本章讨论了社会资本影响区域创新产出的具体途径。由于社会资本是一个多维度概念,它与创新产出的关系也十分复杂,因此本书首先通过一个系统性的分层级框架梳理了 28 类可能影响区域创新的要素;在此基础上通过文献回顾发现社会资本对区域创新的影响包括:①微观层面——提升个人创新意识和人力资本;②中观层面——营造良好的工作氛围,促使企业做出创新决策;③宏观层面——提高开放意识,促进新产品、新技术的推广和应用。

在进行实证分析之前,笔者认为有必要对以往研究中存在的缺陷进行探讨。实证研究主要是讨论变量之间的因果关系,而因果关系则有三个主要构成要素。反映到实证研究中就是测量指标的选取、内生性处理以及控制变量/回归模型选择这三个问题。因此,笔者在章节的最后部分以三要素作为出发点,探讨了实证研究的规范性问题。表 3-4 为近年来与社会资本经济增长有关的实证文献清单。

表 3-4 近年来与社会资本经济增长有关的实证文献清单

作者	地域	度量工具	研究主题	研究方法	主要结论
Forte 等（2015）	欧洲 85 个地区	信任、社会团体、价值观	经济增长	OLS	价值观（不相关），信任和社会团体（正相关）

续表

作者	地域	度量工具	研究主题	研究方法	主要结论
Li 等（2015）	中国29个省区	社会团体	经济增长	面板数据回归	2000年以前不显著，2000年以后正相关
Bjornskov 和 Meon（2015）	67个国家	信任	TFP	OLS、2SLS、3SLS	正相关，通过促进经济制度而非政治制度的发展来提升TFP
De Bliek（2015）	33个国家	信任	TFP	OLS、2SLS	只与发达国家正相关，与发展中国家不相关
Peiro-Palomino（2014）	欧洲237个国家	信任、社会团体	经济增长	LCLS、LLLS	中东欧国家（负相关），北欧南欧地区（正相关）
Ghazinoory 等（2014）	欧洲34个国家	信任、社会网络、价值观	创新	SEM	价值观（负相关），信任和社会网络（正相关）
Khalifa（2014）	47个国家	信任	经济增长	OLS、2SLS、工具变量	正相关
Peiro-Palomino 和 Tortos-Ausin（2014）	西班牙50个地区	综合性指标	经济发展	面板数据回归	正相关，通过促进投资来促进经济发展
Dzialek J.（2014）	波兰66个地区	信任、社会团体等综合指标	经济发展、就业、企业数量	OLS	不相关
Doh 和 McNeely（2012）	47个国家	信任、社会团体、价值观	经济增长	OLS	正相关，通过影响人力资本和创业活动促进经济增长
Lee（2013）	65个国家	信任、价值观	地下经济（影子经济）	OLS、2SLS	负相关，通过减少影子经济促进经济发展
Pilecek（2013）	捷克23个地区	价值观、社会网络、信任	社区发展	相关性分析	正相关（对外围地区作用更大）

社会资本及其对创新意识和创新产出的影响

续表

作者	地域	度量工具	研究主题	研究方法	主要结论
Spilker（2012）	瑞士和美国	信任	全球化	OLS	正相关
Lee 等（2011）	72 个国家	44 个综合指标	多项社会经济发展指标	PCA、相关性分析	与人均收入、教育水平、幸福程度等正相关
Roth（2009）	41 个国家	信任	人均GDP、人均收入	面板数据分析	"倒 U 形"关系
Akcomak 和 ter Wel（2009）	欧洲 102 个地区	信任	人均 GDP 增长率	OLS、2SLS、3SLS	信任对人均 GDP 无明显影响，但通过影响创新促进经济增长
Boulila 等（2008）	35 个国家	信任	经济增长	联立方程组	正相关，通过影响经济制度促进经济增长
Ahlerup 等（2009）	尼日利亚和加拿大	信任	经济增长和制度发展	OLS、2SLS、LIML	正相关
Berggren 等（2008）	63 个国家	信任	人均 GDP	EBA	正相关，但移除异常样本后显著不相关
Neira 等（2009）	欧洲 14 个国家	信任、社会团体	人均 GDP	OLS、GLS、面板数据分析	正相关
陈乘风、许培源（2015）	省级	劳资关系和谐度、民间组织密度、互联网	技术创新、经济增长	面板回归	正相关，信任维度最弱
潘越等（2015）	省级	信任、民间组织密度、慈善水平	资本配置效率	面板回归	正相关（与政府干预互补）
朱福林（2015）	国家	社会团体密度	TFP	VAR 模型、格兰杰因果	正相关（通过影响 R&D 溢出促进 TFP）

续表

作者	地域	度量工具	研究主题	研究方法	主要结论
徐娟（2014）	东中西部地区	互联网使用率	创新	面板回归	正相关
李晓梅（2014）	41个国家	信任	创业活动	OLS	正相关（与人力资本因素互补）
邹薇、楠玉（2013）	省级	互联网、电话（信息社会资本）	收入差距	β收敛模型	信息社会资本会使各区域高收入组群体收入趋同，低收入组收入水平趋异，而对中等收入群体的影响不显著
崔巍（2013）	省级	信任	金融发展	OLS、相关性分析	正相关
马宏、汪洪波（2013）	东中西部地区	劳动争议受理率	金融发展、收入分配	面板回归	提高金融发展，缩小收入差距
高正平、张兴巍（2013）	省级	企业内外部社会资本、民间组织、信任	政府治理、企业自生能力	面板回归	"倒U形"
严成樑（2012）	省级	互联网、电话（信息社会资本）	创新产出	面板回归	正相关
金丹（2012）	省级	相对劳动争议受理率、信任、民间组织密度	区域经济增长	面板回归	正相关，民间组织（中西部强于东部）、社会信任（东部强于中西部）
林木西、张华新（2012）	四大经济区	抚养比、城乡差距等变量	区域经济增长差异	面板回归、IV	显著影响
万建香、梅国平（2012）	省级	卫生机构审查合格率、环境诉讼数	经济增长、环境保护	OLS、GMM	与经济增长和环境保护正相关
陈运平、黄小勇（2012）	江西、广东	诚信排名	经济增长	OLS	正相关，诚信对江西经济促进较小

续表

作者	地域	度量工具	研究主题	研究方法	主要结论
胡涤非（2011）	省市两级	信任	经济发展	相关性分析	社会信任：省级层面、市级层面（负相关）；公共信任：省级层面、市级层面（正相关）
杨灿、刘赟（2010）	46个国家	商业环境、投资环境（政府社会资本）	人均产出水平	OLS	正相关（短期），不相关（长期），政府社会资本是内生变量
赵家章（2010）	省级	个人信任、企业信任、个人网络、社区网络	经济增长	OLS	信任（正相关），网络（不相关）
潘峰华、贺灿飞（2010）	省级	社会团体、慈善机构数量、献血率、信任	经济增长	—	与长期经济增长正相关
杨宇、沈坤荣（2010）	省级	信任、民间组织密度	技术创新、经济增长	面板回归	信任（正相关），民间组织（负相关）
钱水土、翁磊（2009）	浙江	社会捐赠、社会团体	产业集群	TSLS	正相关（通过影响非正规金融促进产业集群发展）
卢宁、李国平（2009）	省级	综合指标（工会组织数、妇联组织数等）	环境保护	面板回归	社会资本是解释环境污染物排放量的重要原因
杨宇、郑垂勇（2008）	省级	信任、民间组织密度	经济增长	格兰杰因果	正相关
李菁等（2008）	省级	诚信排名	经济增长	OLS	与市场活跃度、金融市场发展、房地产投资等正相关
卢艳萍（2007）	全国	无偿献血率	市场经济发展	OLS	正相关
蔡晓良、蔡晓陈（2007）	省级	信任	教育投资、经济增长	面板回归	正相关（通过促进教育投资促进经济增长）

续表

作者	地域	度量工具	研究主题	研究方法	主要结论
徐晟（2007）	省级	诚信排名	经济增长	面板回归	正相关
张俊生、曾亚敏（2005）	省级	无偿献血率、信任	金融发展	面板回归	正相关
尹希果（2006）	省级	信任	工业集聚、经济增长	OLS、Robust	正相关
张维迎、柯荣住（2002）	省级	信任	经济绩效	OLS、相关性分析	正相关

资料来源：笔者整理。

4 社会资本及创新产出的空间分布特征

4.1 社会资本指标体系构建

在前面的章节中笔者已经对社会资本指标进行了详细的分析。结论指出，单个指标可能无法反映社会资本在各个维度的信息，因此有必要使用综合指标体系来刻画社会资本。为此，本书选取了欧洲社会调查（ESS）作为社会资本指标数据来源。欧洲社会调查由欧洲科学基金委发起，主要目的是考察欧洲居民在生活态度、价值观、信任等方面的信息。该调查始于2002年，每两年进行一次数据采集，最新一期数据更新至2014年。从时间跨度上看，ESS调查要比世界价值观调查（WVS）短；后者始于1981年。WVS数据更适合考察社会资本在时间维度上的变化。但WVS第一轮调查只有10个国家，且使用的问卷变化非常大，尤其是在信任维度和价值观维度上的问卷问题。而ESS每轮调查涵盖的样本国以及问卷本身变动都较小，因此更适合于面板分析。虽然数据已经更新至2014年，但这一期样本国较少，可能是由于时间关系还未更新完全。因此，本书使用的是2002~2016年的数据。

使用欧洲数据并不意味着对本国研究没有重大价值。我国目前还没有成体系的社会资本指标可供使用。中国综合社会调查、中国家庭追踪调查、家庭金融调查的数据也常被应用于社会资本研究中。但这些数据时间跨度较短，只能作为截面样本进行分析。而面板数据得到的结果将更稳健。此外，欧盟诸国社会经济发展不平衡。北欧国家十分富裕，各类制度十分完善；而东欧国家比较贫困，社会问题也十分显著，因此存在巨大的地区差异。这一点与我国东、西部差异也有一定的相似性。通过对欧盟国家的考察，可以观察社会资本对不同国家地区是否存在差异性的影响，从而存在较大的理论和现实意义。

本书一共选取了11个指标包含4个社会资本的基本维度：信任、社会网络、价值观和社会参与。与欧洲社会调查系列报告及欧盟委员会社会资本研究报告中所使用的社会资本指标体系有一定的相似性，同时也参考了前面章节所列出的其他各个机构使用的社会资本指标体系。首先，"普遍信任：总的来说您信任社会上大多数人吗？"仍然是本书所使用的信任指标。虽然笔者已经在前文提出了本指标的缺陷，但ESS的信任问题并没有针对信任对象进行分类。其次，前文已经提及在西方文化背景下有较宽泛的信任半径，因此受访者对该问题的理解也存在严重偏差。最后，本书使用的是综合指标体系，稍后将会采用主成分分析法将指标合并，因此单个指标的重要性将会大大降低。随后在信任维度还加入了三个表示政治信任的问题，分别是对议会、法律系统和警察的信任程度评分。关于社会网络维度，本书使用了两个指标，一是测量受访者是否经常与社会交往会面，二是测量受访者是否经常参加社会活动。其他指标详细信息已在表4-1中列出，这里不再赘述。

表4-1 社会资本综合指标体系

信任	普遍信任	总的来说您信任社会上大多数人吗？
	政治信任——议会	您对本国议会的信任程度如何？
	政治信任——法律	您对本国法律系统的信任程度如何？
	政治信任——警察	您对本国警察的信任程度如何？
社会网络	社会交往	您经常和您朋友、同事、同学见面联系吗？
	社会活动	您经常参加各类社会活动吗？
价值观	自私自利	您认为周围大多数人都是自私的吗？
	互帮互助	大多数人会互相帮助还是只看重自己的利益？
	包容接纳	您认为外来移民会让这个国家变得更好吗？
社会参与	政治参与	您经常参与政治活动吗？
	社区安全	夜晚独自在您所在的社区散步安全吗？

社会资本及其对创新意识和创新产出的影响

下文分别选取了 2002 年、2006 年以及 2012 年 4 个单个社会资本指标做成直方图,以对各地社会资本水平进行横向和纵向的比较。以普遍信任指标为例(见图 4-1),不难看出,北欧国家(丹麦、瑞典、挪威、芬兰)信任水平是最高的。其次是爱尔兰、瑞士、英国、荷兰、比利时等。葡萄牙、波兰的信任水平最低。从纵向来看,各个国家信任水平都基本趋于稳定。比利时、匈牙利、斯洛文尼亚、荷兰等国的信任水平 10 年间有所上升,但幅度并不算太大。而爱尔兰、葡萄牙的信任水平则在 10 年间有所下降。总体来看,信任是一个较为恒定的变量。

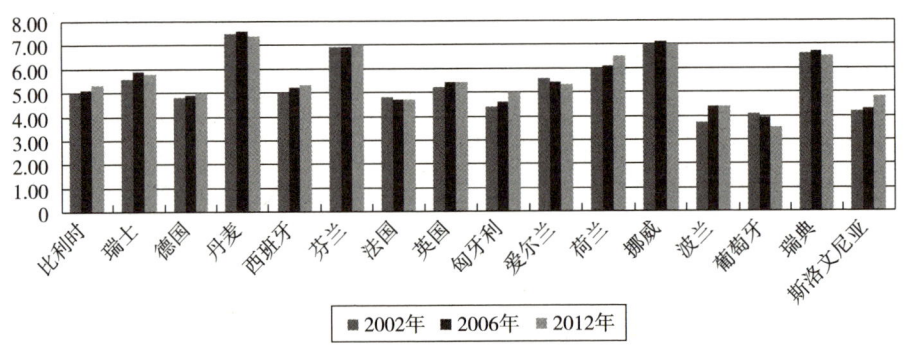

图 4-1 欧洲 16 国信任水平对比

图 4-2 反映的是欧洲 16 国互助水平的差异。北欧国家在该指标的表现上仍然居于前列。但大部分样本国的互助水平都不算太低,只有波兰和葡萄牙的互助水平明显低于其他国家。与信任水平一样,互助水平在 10 年间也基本趋于稳定,并没有哪个国家的互助水平在考察时间段内出现明显下滑或上升。社会交往水平指标则呈现出与其他指标不同的态势(见图 4-3)。葡萄牙得分最高,而匈牙利和波兰指标得分最低。北欧国家居民的社会交往频率并未明显比其他国家高,与英国、比利时等国基本处于同一水平。葡萄牙和西班牙居民表现出来的政治参与要明显高于其他国家,反倒是丹麦和瑞典这两个北欧国家的政治参与水平较低(见图 4-4)。总体来看,社会资本指标是趋于稳定的,并没有在 10 年间发生较大的波动。这也在一定程度上印证了社会资本由历史文化因素决定这一观点。

4 社会资本及创新产出的空间分布特征

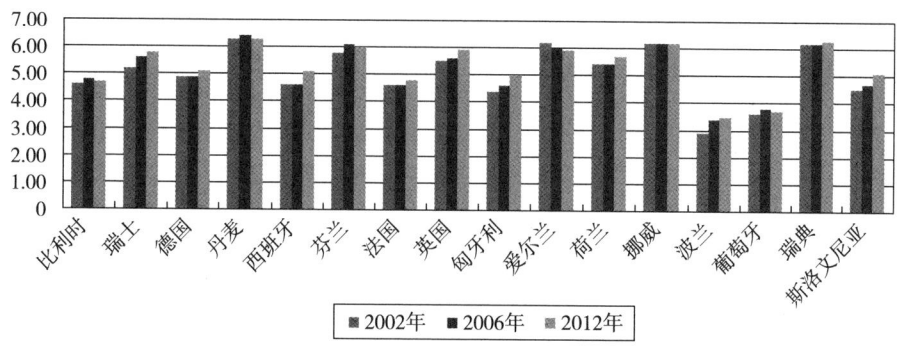

图 4-2 欧洲 16 国互助水平对比

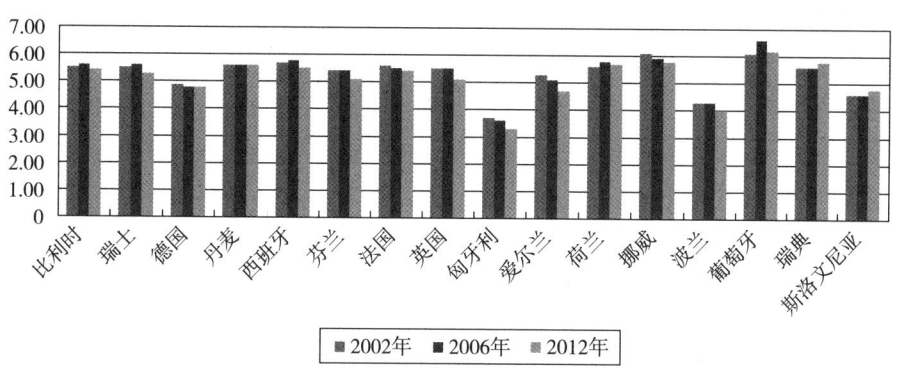

图 4-3 欧洲 16 国社会交往水平对比

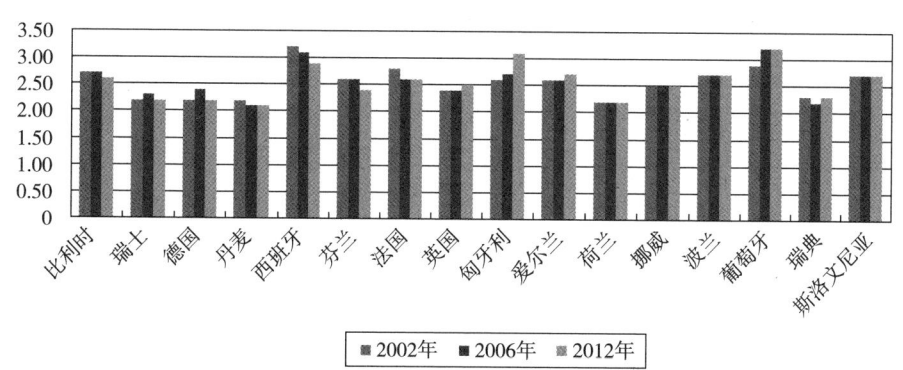

图 4-4 欧洲 16 国政治参与水平对比

4.2 社会资本相关指标空间分布特征

随后,笔者使用聚类分析来探讨欧洲16国哪些地区的社会资本指标有相似性。聚类分析是依据样本的特征进行分类,将性质相似的事务归为一类的统计分析技术。具体可分为层次聚类,包括合并法、分解法、树状图;以及非层次聚类,包括划分聚类和谱聚类。聚类分析是分析两个个体之间指标对应程度或联系紧密程度来决定是否应当归于一类。具体使用变量之间的相似度也就是接近程度或者变量间的相关系数。本书使用变量之间的相似度来进行聚类统计。假定每个观察样本包含P项指标,则每个样品都可以看成P维空间中的一个向量。

$$X_1 = \begin{pmatrix} X_{11} \\ X_{12} \\ \vdots \\ X_{1p} \end{pmatrix}, X_2 = \begin{pmatrix} X_{21} \\ X_{22} \\ \vdots \\ X_{2p} \end{pmatrix}, \cdots, X_1 = \begin{pmatrix} X_{n1} \\ X_{n2} \\ \vdots \\ X_{np} \end{pmatrix} \quad (4-1)$$

两个样本之间的相似程度可以用两个向量之间的夹角余弦 $\cos\theta_{ij}$ 来表示。当两个样本完全重合时,$\cos\theta_{ij}=1$,相似程度最高。而当两个样本互相垂直时,$\cos\theta_{ij}=0$,两个样本之间不相似。相似系数计算公式为:

$$\cos\theta_{ij} = \frac{X_i'X_j}{\|X_i\|\|X_j\|} = \frac{\sum_{k=1}^{p} X_{ik}X_{jk}}{\sqrt{\sum_{k=1}^{p} X_{ik}^2 \sum_{k=1}^{p} X_{jk}^2}} \quad (4-2)$$

在计算过程中,如果选出一对样本,还未在已经分好的类别中出现则可以成为新的类别。如果有一对样本,其中一个属于已经分好的某一类,则将另外一个样本也加入该类。如果有一对样本,分别出现在已经分好的两个类别中,则可以将两个类别联系在一起。如果选出的一组样本都在已经分好的同一类中就不再进行分类。如此反复操作直到没有样本可以再分类为止。最后得出的分类结果如图4-5所示。

4 社会资本及创新产出的空间分布特征

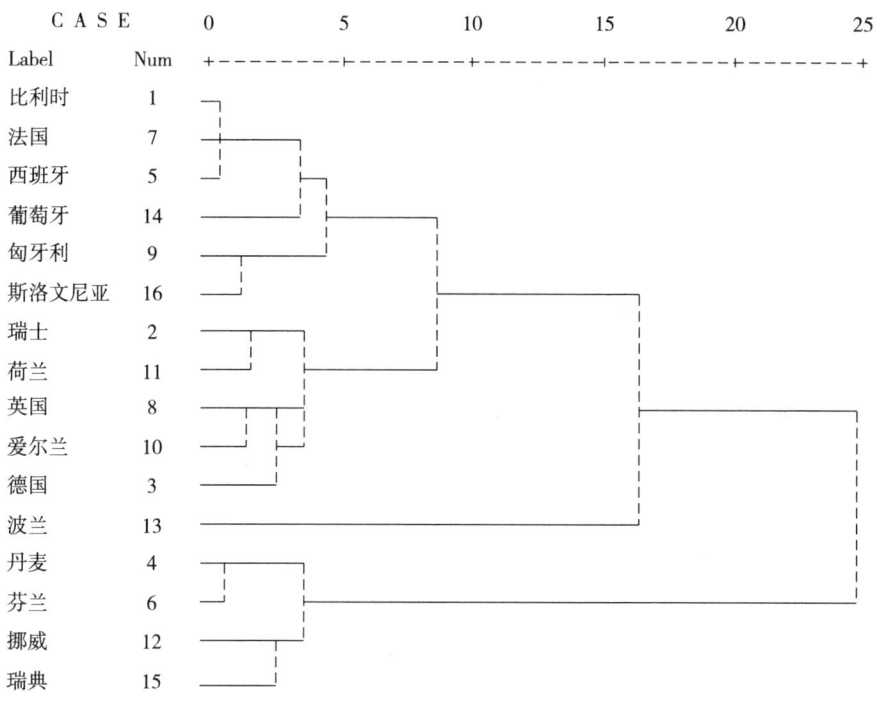

图 4-5 欧洲社会资本指标聚类分析

基于 2002 年数据使用聚类分析后,结果如图 4-5 所示:丹麦、瑞典、芬兰、挪威北欧四国可以分为一类;英国、爱尔兰、德国、荷兰、瑞士也可以分为一类;而西班牙、葡萄牙、比利时、法国可以分为一类;斯洛文尼亚、匈牙利也属于同一类,但与西班牙这一类距离较近。其中,只有波兰的分类不是特别明确,但与西班牙、葡萄牙这一类以及英国、爱尔兰这一类的距离相对较近,而与北欧国家的距离相对较远。初步来看,欧洲 16 国社会资本呈现一定的空间相关性。例如,北欧四国就自成一类;西班牙、法国、葡萄牙均属于欧洲南部;德国、英国、荷兰、爱尔兰、瑞士基本算是处于欧洲中部;而匈牙利和斯洛文尼亚也接壤,属于欧洲东南部。

随后笔者又使用判别分析来识别分类是否准确。判别分析属于识别个体所属类别的一种统计技巧,有着广泛的潜在应用价值。例如,预测新产品的成功或失败,确定某企业信用分析类型,决定学生是否被录取等。判别分析的方法很多,有 Fisher 判别法、距离判别法、贝叶斯判别法等。本书使用的是 Fisher 判别法。该方法主要是通过将多维数据投影到某个方向,将个体与个体之间分开,然后再选择合适的判别分类规则,其原理如下:现有数量为 K 的个体,从中抽取 P 个指标的观测数据,可构成一个线性判别函数:

$$U(X) = u_1 X_1 + u_2 X_2 + \cdots + u_p X_p = u'X \qquad (4-3)$$

其中,系数 $u = (u_1, u_2, \cdots, u_p)$ 确定的原则是个体内部离差最小,而个体之间区别最大。对于每一个个体,我们都可以把各个指标值代入判别函数以求值;最后根据求出的值来判别其属于哪个总体。经过软件我们得出以下运算结果:表 4-2 给出了各个国家分组的概率及分组类别。其中,北欧四国分为组一;西班牙、法国、英国、葡萄牙分为组二,比利时、瑞士、德国、爱尔兰、荷兰分为组三;波兰、斯洛文尼亚、匈牙利分为组四。比利时和英国的分组不是特别明确,比利时有 35% 的概率分到组二,而英国则有 45% 的概率分到组三。但这样的结果也基本与之前的聚类分析一致。除此之外,我们还给出了每个指标的系数,如表 4-3 所示。例如,"政治参与"这一指标在第四组系数最高,为 830.13;这意味着该指标得分越高时越容易被分到第四组。换言之,波兰、匈牙利、斯洛文尼亚受访者在 2002 年的调查中显示出较高的政治参与。

表 4-2 欧洲 16 国社会资本指标判别分析结果

国家	1	2	3	4	分组
比利时	0.0000	0.3511	0.6489	0.0000	三
瑞士	0.0804	0.0008	0.9188	0.0000	三
德国	0.0000	0.0103	0.9849	0.0048	三
丹麦	1.0000	0.0000	0.0000	0.0000	一
西班牙	0.0000	0.9751	0.0249	0.0000	二
芬兰	0.9974	0.0000	0.0026	0.0000	一
法国	0.0000	0.8215	0.1785	0.0000	二
英国	0.0000	0.5485	0.4515	0.0000	二

续表

国家	1	2	3	4	分组
匈牙利	0.0000	0.0000	0.0000	1.0000	四
爱尔兰	0.0016	0.0033	0.9951	0.0000	三
荷兰	0.2590	0.0005	0.7405	0.0000	三
挪威	0.9998	0.0000	0.0002	0.0000	一
波兰	0.0000	0.0000	0.0000	1.0000	四
葡萄牙	0.0000	0.9994	0.0006	0.0000	二
瑞典	0.9936	0.0000	0.0064	0.0000	一
斯洛文尼亚	0.0000	0.0009	0.0003	0.9988	四

表4-3 判别分析各指标系数

指标	1	2	3	4
普遍信任	(122.65)	(127.14)	(139.86)	(115.01)
自私	161.55	149.67	168.91	148.11
互助	(107.28)	(120.36)	(95.07)	(124.98)
政治参与	722.30	805.25	681.45	830.13
政治信任——议会	13.97	(13.14)	27.88	(51.71)
政治信任——法律	244.97	291.49	218.50	314.59
政治信任——警察	(93.56)	(137.95)	(80.42)	(180.91)
包容	118.48	129.32	101.52	133.39
社会交往	48.15	26.32	41.38	(29.31)
社会活动	941.30	1027.00	908.65	1031.00
社区构建	(870.04)	(793.50)	(870.34)	(543.69)

随后我们使用2012年数据再次进行分组检验以观测各国社会资本水平分组是否随着时间推移而产生变化。我们先用聚类分析对欧盟16国进行分组，随后再使用判别分析检验分组结果。为简便起见，我们只给出最终分类的结果。如表4-4所示，2012年各国分组与2002年有所差异；如2002

年位于第二组的瑞士和荷兰在 2012 年与北欧国家被分到了第一组，而 2002 年位于第四组的波兰在 2012 年被分到了第三组。但总体而言，与 2002 年一样还是呈现了一定的空间集聚性。社会资本总水平在北欧国家以及经济社会发展程度高的地区也较高，而在南欧、东欧等相对落后的地区社会资本水平较低，但南欧、东欧地区结构型社会资本的得分并不低。

表 4-4　基于社会资本指标对欧洲国家的分类

	2012 年	2002 年
第一组	瑞典、荷兰、挪威、芬兰、丹麦、瑞士	瑞典、挪威、丹麦、芬兰
第二组	比利时、德国、爱尔兰、英国	爱尔兰、荷兰、瑞士、比利时、德国
第三组	葡萄牙、波兰、匈牙利、法国	西班牙、法国、英国、葡萄牙
第四组	斯洛文尼亚、西班牙	斯洛文尼亚、波兰、匈牙利

以往也有学者做过类似的研究，对欧洲各国社会资本指标进行了空间分布性分析。Ferrragina（2016）考察了正式网络、非正式网络、社会信任三个维度，并根据指标得分将欧洲各个国家分为五个组别。其中，正式网络包含社会参与、社会团体等指标；而非正式网络包括与亲戚和朋友的交往互动等指标。社会信任则包括对社会其他人以及政府、警察等社会机构的信任程度。第一组包括瑞典、荷兰和卢森堡。这三个国家不仅社会资本总分要高于欧洲平均水平，且每个社会资本维度（正式网络、非正式网络、社会信任）得分都不低。第二组包括芬兰、比利时、丹麦、奥地利等国家。这几个国家社会资本指标总得分也较高，但非正式网络指标得分较低。第三组仅有爱尔兰一个国家，其特点是正式网络和非正式网络指标得分较高，但社会信任指标得分较低。第四组包括希腊、西班牙、葡萄牙等南欧国家，其特点是非正式网络指标等得分较高，其他维度得分较低。第五组包括意大利和法国，其特点是在所有维度得分都偏低。

这一研究结果与本书类似，也就是说，北欧地区社会资本得分较高，同时还包括卢森堡、瑞士、荷兰等国家。欧洲南部国家社会资本指标得分较低，但可能在社会网络维度得分较高。东欧国家则处于全面落后的状态。北欧国家之所以得分较高，可能与"北欧模式"有关。中央党校赴挪威、瑞典考察团（2007）就撰文提到"北欧模式"具有四个主要特点：一是经济增长与社会福利相结合。北欧国家劳动生产率高,在许多高科技行业都有明显的竞争优势,同时征收较高的个人所得税以支持高水平的社会福利。例如,小学到大学全部免费,儿童学习兴趣班也免费,夫妻双方产子后均可带薪休假1年以上。二是竞争与合作相结合。北欧国家经济以私人资本为主,但在发展过程中强调财富分配和各个群体间的合作以避免弱肉强食。三是效率与公平统一。北欧国家注重二次分配以缩小贫富差距。不仅通过税收和福利条件调节贫富差距,而且对于低收入地区也有各类扶持政策。四是稳定与调整结合。在保持基本制度不变的情况下,不断调整政策以保障经济社会稳定发展。除此之外,根据维基百科的介绍,北欧模式还包括产权意识强、合约执行力高、私营企业门槛低;贸易自由化程度高,同时有风险共担机制以帮助企业应对经济开放带来的风险;市场自由化程度高,产品市场监管宽松;劳工加入工会比例较高。2010年数据显示,芬兰、瑞典和挪威有69.9%、68.3%和54.8%的工人加入了工会组织,而这一比例在日本和美国只有18.5%和11.3%。

当然制度环境只是决定社会资本水平的其中一类因素,我们还可以从历史文化因素中寻找答案。欧洲主要有三大人种:日耳曼人、拉丁人和斯拉夫人。其中,日耳曼人目前主要分布在北欧国家以及德国、奥地利、英国、荷兰等国家。拉丁人主要分布在南欧国家,包括法国、葡萄牙、西班牙、希腊、塞浦路斯等国家。而斯拉夫人则主要分布在东欧国家。日耳曼人自古以来就富有公民精神并存在较多的公民团体。例如,法国史学家丹纳(2009)在《艺术哲学》一书中就谈道:"日耳曼人的集会结社不为空谈,而是为行动……说话只是手段,效果才是目的……统治的人不好,人民会反抗,但耐着性子,用合法手段……凡是日耳曼人居住的地方都有代议制政府……自由结合的团体纷纷建立,且不费力气的保存下去……十六世纪每个城市甚至每个小镇都有……即便是今日,比利时还有无数这一类团体:射箭会、歌唱会、养鸟会……一些私人结合起来报班慈善事业。"作者认为,气候地理因素是形成日耳曼人这种文化传统的原因。"你可以想象一下,古代日耳曼部落来到这片沼泽地带的时候……环境太恶劣了……在这等地方需要天生团结、奋斗的人……全部聪明都集中在克服困难上。"正是这种恶劣的环境使大家的生活绑在了一起,形成了平等、妥协、合作的传统。

社会资本及其对创新意识和创新产出的影响

4.3 创新产出相关指标空间分布特征

在回顾了欧洲地区社会资本水平演变发展特征后，本节将简要讨论欧洲创新研发的相关发展历程和现状。欧洲、日本、美国是目前世界上创新研发能力最强的三大地区（国家）。欧盟委员会每年都会发布创新研发排名报告（Innovation Scoreboard，IS；国内译为记分牌）以研究欧洲国家R&D发展现状，并与日本和美国进行对比。2010年的报告则加入了金砖四国。国内不少学者都关注该报告。例如，关晓静和赵利婧（2007）以2004年IS报告中的指标为基准对我国的创新能力进行了评估和测算，认为我国创新型国家的建设还面临一系列挑战：如高级人才储备不足、研发投入强度不够、高科技产业竞争力不足等。林小爱和林小利（2009）依据记分牌指标构建了适用于我国国家知识产权战略实施的综合评价指标。田志康等（2008）则利用欧洲记分牌指标提出了一种基于BP神经网络的国家创新能力评价方法。

2010年的IS报告统计了欧盟、日本、美国及金砖四国2006～2010年的创新能力指数。该指数选取了10余个指标，包括博士学位人数、平均教育水平、发表论文数量、论文引用率、R&D支出、高科技产品出口、专利申请数量等。该指数以欧盟水平为基准，如果某国比欧盟表现要好，则为正数；如果比欧盟表现要差，则为负数。如图4-6所示，美国和日本的创新能力要明显优于欧盟，领先30%～50%。但金砖国家在创新能力上距离欧盟还有很大差距，差距最小的是俄罗斯。具体来说，欧盟领先于日本的领域主要体现在科研能力上。欧盟在论文发表、论文引用率以及国际论文合作这几个指标水平上都比日本高；而日本则在专利权使用费获利、高科技产品出口、R&D支出上领先于欧盟。与美国相比，欧盟则几乎没有明显优势；只在公共R&D支出及知识密集型产品出口这两个指标上稍稍领先于美国。差距最大的是专利权使用费收入，在这一指标上，美国领先欧盟高达200%。赵永升（2015）认为，欧盟创新仍存在几大软肋，包括落后的国家干预经济模式、创新文化的流失、银行主导的融资模式等。但要深究其体制原因，可能是因为欧洲国家资本的主要形态与美国还有较大的区别。Hall 和 Sockice（2001）从政治经济学角度将资本主义国家区分为两种主要类型：一种是以美国为代表的自由主义市场经济；另一种是以德国为代表的调节市场经济。前者强调市场在经济发展中的作用，具体表现为公司金融体系、公司间强竞争关系、一般性教育体系等；而后者以非市场机制作为主要调节机制，表现为长期产业金融体系、高水平的职业培训和公司间技术及标准的合作关系、合作劳动关系等。在创新领域，两种制度也有截然不同的表现。例如，自由主义市场经济更有利于激进式创新，而调节市场经济更擅长于渐进式创新（Hall & Sockice, 2001）。通过数据对比，他们发现，德国企业的创新集中于工程、交通领域，而美国企业的创新集中于生物制药、电子通信等领域。激进式创新需要较多的投入，面临较多的不确定性但有可能开拓新市场，带来快速的价值增长。这也是为什么美国创新产出带来的经济价值要比欧盟地区高。

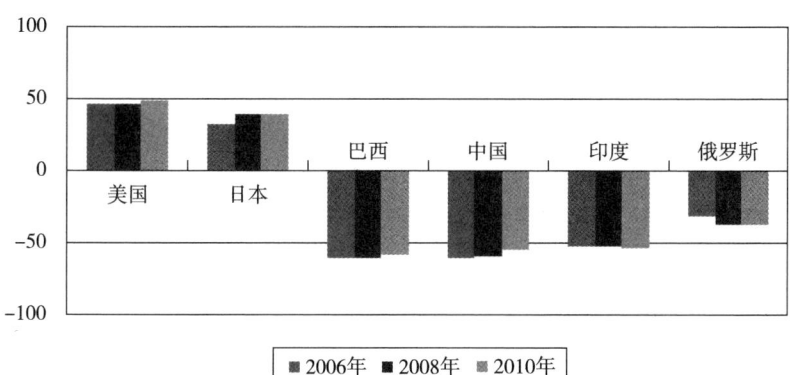

图 4-6 主要国家创新能力对比

从创新投入和产出的角度，2005 年的 IS 报告将欧洲国家分为四档：瑞士、芬兰、瑞典、丹麦、德国是创新能力最强的第一档（Leading Countries）；法国、英国、荷兰、比利时、挪威、爱尔兰等是第二档（Average Performance）；葡萄牙、匈牙利、斯洛文尼亚等属于第三档（Catching Up）；而西班牙、波兰等国则表现最差，属于第四档（Losing Ground）（见图 4-7）。该报告还指出落后国家需要 20~50 年的时间才能实现对领先国家的赶超。而 2015 年的 IS 报告则指出，欧洲国家呈现俱乐部收敛的趋势，即每组内

📖 社会资本及其对创新意识和创新产出的影响

部成员国差距逐渐缩小,但组与组之间的差距仍然很大。欧盟委员会发布的另外一项报告"Regional Innovation in the Innovation Union (RIIU)"确认了三个影响区域创新能力的间接因素和四个直接因素,分别为总体经济环境、内在需求、制度环境以及竞争前知识资本、人力资本、融资和创新网络。创新落后国往往缺乏这几个重要因素。例如,波兰、葡萄牙、匈牙利等国就面临缺乏行政问责制、腐败控制不当等问题。该报告还指出,某些影响创新能力的因素呈现一定的空间集中性。例如,欧盟整体经济环境呈现 Y 形分布,即左侧地区包括爱尔兰、比利时、英国;右侧包括丹麦、芬兰、瑞典;中部则包括德国、奥地利。制度环境上得分高的集中于北欧、英国、德国等地;而东欧和南欧则得分较低。另外一些因素如人力资本中的教育水平、高科技产业就业人数比重则并没有明显的空间集中性。

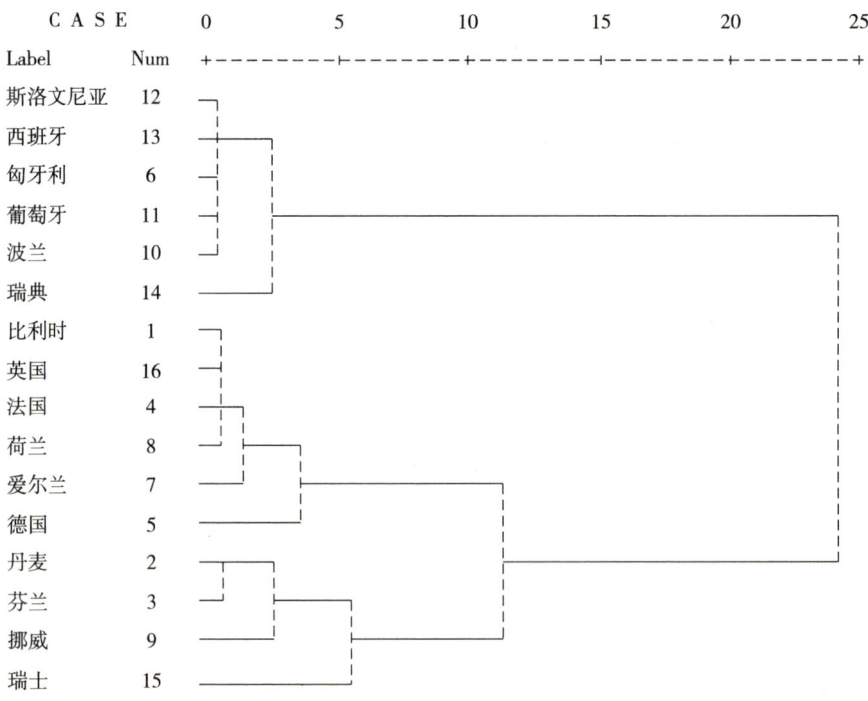

图 4-7 欧洲 16 国区域创新指标聚类

要研究欧盟国家创新发展,以该报告提出的综合指数为基础是最为理想的。但其选用的指标在不断变化,同时各个样本国加入欧盟的时间也不一致,因而这一指标无法做较长时间的纵向对比。基于此,我们选取了另外几个指标,包括研发人员占总人口的比例;人均研发支出作为 R&D 投入指标;以人均专利申请数之和作为 R&D 产出指标。同时,我们还选取高科技产品出口占总产品的比重作为衡量创新产出的经济效益指标。这四个指标来自欧盟 Eurostat 数据库。

与上文一样,此处使用了 2012 年的数据做了聚类分析与判别分析,结果如图 4-7 所示。斯洛文尼亚、匈牙利、葡萄牙、波兰等国被分在了一组,这几个国家都是在 IS 报告中被认为属于研发能力较低的国家;比利时、爱尔兰、德国、英国等被分为一组,这几个国家在创新能力上都比较突出;北欧三国以及瑞士被分在了同一组,属于创新能力的领先国。唯一较有争议的是瑞典、葡萄牙、波兰等落后国家被分在了一起。这印证了之前所说的"瑞典悖论",即从某些指标上来看,瑞典的创新表现并不如其他欧洲领先国家。我们随后又进行了判别分析以检验聚类(见表 4-5)。结果显示与之前的聚类分析以及 IS 报告中的分组都存在一定的差异。例如,丹麦、挪威被分在了第二组;比利时、荷兰被分在了第一组。不过荷兰有 25% 的概率会被分在第二组,而丹麦则有 40% 的概率会被分在第一组。说明这些国家的分组并不是特别明确。在判别分析中,瑞典仍然被分在第一组,当然也有 17% 的概率会落在第二组。从判别分析以及聚类分析的结果来看,我们还无法判断欧盟国家在创新产出与投入方面是否呈现空间集聚性,但其社会资本水平似乎有一定空间相关性。为此,我们使用空间自相关的 Moran I 指数来进一步分析欧盟地区在创新能力和社会资本上的空间分布。

表 4-5 欧洲 16 国区域创新指标判别分析

国家	1	2	3	4	分组结果
比利时	0.1079	0.8921	0.0000	0.0000	2
丹麦	0.4013	0.5987	0.0000	0.0000	2
芬兰	0.8973	0.1027	0.0000	0.0000	1
法国	0.0881	0.9119	0.0000	0.0000	2

续表

国家	1	2	3	4	分组结果
德国	0.9505	0.0495	0.0000	0.0000	1
匈牙利	0.0004	0.0663	0.4829	0.4504	3
爱尔兰	0.0106	0.6547	0.3084	0.0263	2
荷兰	0.7541	0.2459	0.0000	0.0000	1
挪威	0.0326	0.9589	0.0085	0.0000	2
波兰	0.0003	0.0602	0.4758	0.4637	3
葡萄牙	0.0000	0.0071	0.4464	0.0505	3
斯洛文尼亚	0.0035	0.3013	0.5428	0.1524	3
西班牙	0.0008	0.0995	0.5246	0.3752	3
瑞典	0.8266	0.1734	0.0000	0.0000	1
瑞士	0.9996	0.0004	0.0000	0.0000	1
英国	0.0397	0.9579	0.0024	0.0000	2

如前所述，聚类分析和判别分析只能为我们粗略地描绘创新能力和社会资本的集中趋势，但我们无法确切知道这些指标在空间上是否有显著的相互依赖性。地理学第一定律指出，任何东西与别的东西之间都是相互联系的，但近处的事物比远处的事物关联性更强。而Goodchild等（1992）也认为，空间数据都具有空间自相关的特征，即一个区域的某一属性值与邻近区域的同一属性值是相关的。我们使用Moran I指数来考察空间自相关特征，其基本公式如下：

$$\text{Moran I} = \frac{\sum_{i=1}^{n}\sum_{j=1}^{n} W_{ij}(x_i - \bar{x})(x_j - \bar{x})}{s^2 \sum_{i=1}^{n}\sum_{j=1}^{n} W_{ij}} \quad S^2 = \frac{1}{n}\sum_{i=1}^{n}(x_i - \bar{x}) \quad (4-4)$$

其中，x_i和x_j表示两个区域的某一指标值，n为样本总数，本例中指的是欧盟16国，W_{ij}是空间权重矩阵。

一般而言，权重的确定有两种方式，第一种是基于二进制的局域性或准局域性关联方法，具体如下：

$$W_{ij} = \begin{cases} 1, \text{当区域} i \text{和区域} j \text{相邻或在一定距离内} \\ 0, \text{当区域} i \text{和区域} j \text{相邻或在一定距离外} \end{cases} \quad (4-5)$$

第二种是长程或准长程关联。第一种方法认为空间相关性发生在相邻或邻近区域，而第二种方法则认为任意两个区域都存在空间相关性，只不过距离近的地区相关性更强。第二种方法计算公式为：

$$w_{ij}^* = \exp(-\frac{r_{ij}}{\bar{r}}) \text{ 或 } w_{ij}^* = r_{ij}^b \quad (4-6)$$

其中，r_{ij} 表示两地距离，$\bar{r}$ 表示平均距离，b 为距离摩擦系数。在本书中使用地理坐标（经纬度）作为距离标准来建立权重矩阵。Stata 软件可以通过相关区域的经纬度数据计算出质心距离。在本书中我们使用的是各个国家首都的经纬度，输出结果如表 4-6 所示。法国巴黎以及荷兰阿姆斯特丹与比利时的布鲁塞尔距离较近，因此权重较高；而葡萄牙与芬兰距离较远，因此权重较低。表 4-7 给出了 2002~2012 年的 Moran I 指数。不难看出，欧盟 16 国专利产出和专利投入数据并未呈现显著的空间自相关。其指数为负数，意味着可能属于空间负相关，但显著水平均在 10% 以上。由于社会资本指标较多，本书使用主成分分析法将众多指标集合为两个单一指标，记为认知型社会资本和结构型社会资本。这两个指标共同反映了全部指标 78% 的信息。结构型社会资本主要集中了社会网络和政治参与这两个指标的信息，认知型社会资本则承载了较多其余指标的信息。结论发现，社会资本指标呈现了微弱的空间自相关性，尤其是结构型社会资本指标，在 5% 水平内显著，这意味着邻近区域在社会网络和政治参与指标值上趋于一致。

全局相关性分析只能确定各个指标值是否存在空间自相关，但并未告诉我们空间集聚的具体区域，以及是高值集聚还是低值集聚，为此可以通过散点图来观测集聚的具体形态。本书选用了 2006 年数据输出散点图。鉴于篇幅有限，其余年份数据就不做考虑了。图 4-8 的六张图分别表示专利数量、R&D 人员、R&D 出口、R&D 投入、认知型社会资本和结构型社会资本的 Moran I 指数散点图。如前文所述，创新类指标呈现了负相关趋势。所有样本几乎都聚集于第二和第四象限。以专利数量为例，瑞典、德国、丹麦、瑞士位于第二象限，意味着专利数量趋于相同（高）但地理距离较

表 4-6 空间权重矩阵

w[16, 16]	BE	DK	FIN	FR	DE	HU	IE	NL	NO	PL	PT	SI	ES	SE	CH	UK
BE	0.00															
DK	1.05	0.00														
FIN	0.44	0.76	0.00													
FR	3.54	0.82	0.40	0.00												
DE	1.20	3.23	0.69	0.93	0.00											
HU	0.66	0.95	0.72	0.59	1.19	0.00										
IE	0.93	0.54	0.32	1.04	0.54	0.39	0.00									
NL	5.82	1.17	0.46	2.33	1.26	0.65	0.94	0.00								
NO	0.91	2.19	0.71	0.73	1.33	0.67	0.56	1.05	0.00							
PL	0.59	1.08	1.15	0.52	1.15	1.92	0.37	0.60	0.77	0.00						
PT	0.56	0.37	0.00	0.66	0.39	0.34	0.66	0.52	0.35	0.30	0.00					
SI	0.91	1.04	0.57	0.81	1.52	2.04	0.46	0.85	0.71	1.10	0.41	0.00				
ES	0.97	0.57	0.34	1.20	0.67	0.58	0.62	0.83	0.49	0.47	0.79	0.81	0.00			
SE	0.61	1.46	1.52	0.52	1.12	0.84	0.40	0.65	1.32	1.31	0.29	0.73	0.42	0.00		
CH	1.90	1.10	0.48	1.60	1.55	0.93	0.64	1.57	0.80	0.74	0.51	1.64	1.17	0.65	0.00	
UK	2.37	0.77	0.38	2.84	0.81	0.52	1.53	2.27	0.75	0.48	0.63	0.66	0.87	0.51	1.09	0.00

表 4-7 欧洲 16 国主要考察指标 Moran I 指数

指标	2002 年	2004 年	2006 年	2008 年	2010 年	2012 年
专利数量	-0.024 (0.239)	-0.026 (0.249)	-0.072 (0.244)	-0.126 (0.321)	-0.026 (0.379)	-0.041 (0.199)
R&D 人员	-0.111 (0.178)	-0.103 (0.179)	-0.122 (0.101)	-0.122 (0.219)	-0.103 (0.239)	-0.103 (0.209)
R&D 支出	-0.016 (0.202)	-0.106 (0.261)	-0.076 (0.272)	-0.104 (0.311)	-0.106 (0.161)	-0.106 (0.215)
R&D 出口	-0.130 (0.149)	-0.084 (0.381)	-0.123 (0.201)	-0.064 (0.338)	-0.084 (0.181)	-0.084 (0.322)
认知型社会资本	0.018 (0.081)	0.010 (0.103)	0.012 (0.098)	0.031 (0.054)	0.031 (0.056)	0.030 (0.056)
结构型社会资本	0.057 (0.018)	0.024 (0.060)	0.041 (0.031)	0.046 (0.031)	0.044 (0.028)	0.027 (0.054)

远。而其余一些国家位于第四象限，意味着它们的专利数量较低，但地理距离较近，存在集聚性。其他几个创新类指标也具有相同的特征，即指标值在高水平的区域分布较分散，指标值在低水平的区域分布较集中。社会资本指标则呈现不同的分布态势。例如，挪威、瑞典、芬兰、丹麦地理距离相近，社会资本第一主成分得分也处于高水平。而葡萄牙、匈牙利、斯洛文尼亚、西班牙的社会资本第一主成分得分较低，地理分布也较为分散。瑞士、荷兰属于第二象限，而德国、比利时属于第四象限，分别处于低高自相关和高低自相关态势。与之类似，葡萄牙、西班牙、法国在社会资本第一主成分得分较高，同时空间集聚性较强，因此属于第一象限。

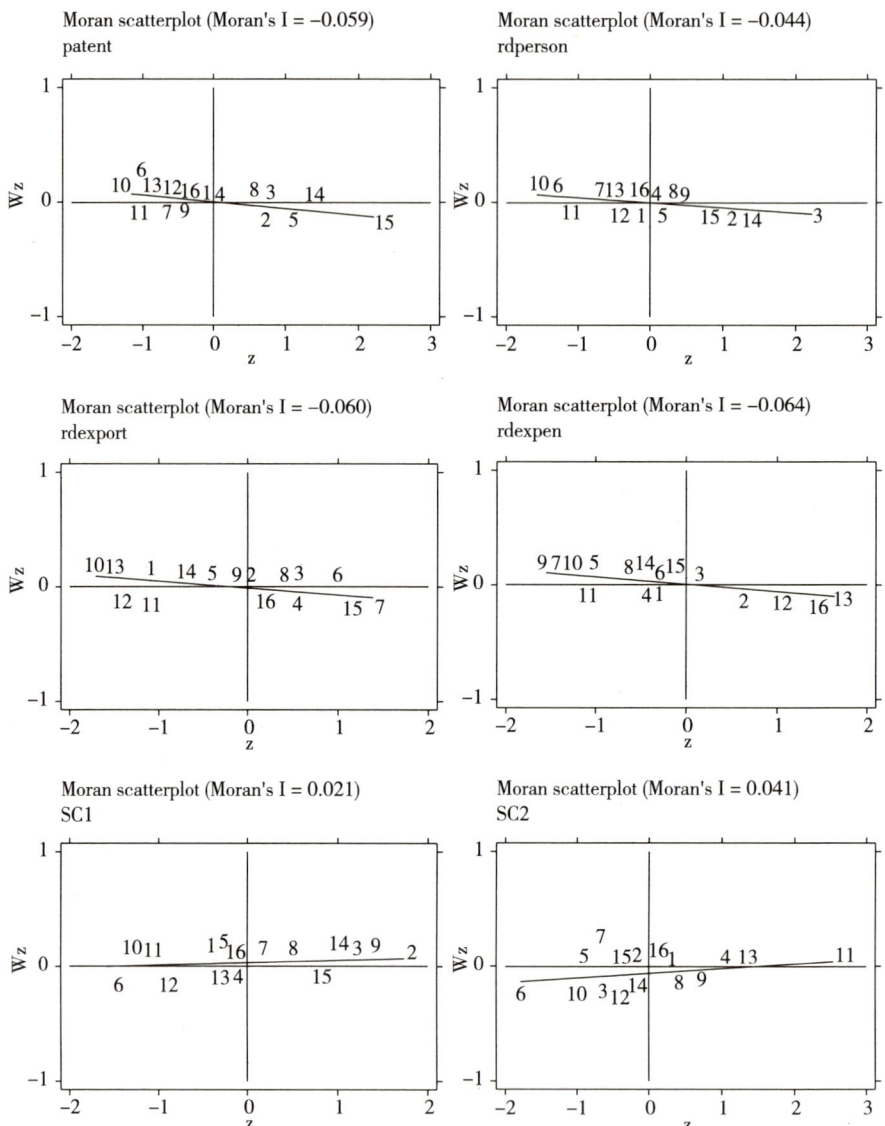

图 4-8 社会资本与区域创新相关指标 Moran I 指数散点图

4.4　本章小结

本章考察了欧洲16国社会资本指标和区域创新指标的发展和演变特征。研究结果发现，北欧国家中丹麦、瑞典、挪威、芬兰是社会资本发展水平最高的国家，尤其体现在认知型社会资本层面。社会资本总得分较低的包括欧洲南部的葡萄牙以及东欧的匈牙利、斯洛文尼亚等国。但东欧和南欧国家也还存在明显差异，例如，南欧国家结构型社会资本得分较高。聚类分析和判别分析也证实了这一观点。这初步说明相邻地区社会资本指标呈现相关性。随后利用Moran I指数，以经纬度作为空间权重证实了社会资本指标具有空间相关性，但十分微弱。

就区域创新而言，欧洲国家也呈现明显的阶梯性。芬兰、比利时、挪威、荷兰属于第一梯队；荷兰、德国、英国的创新指标得分也较高，东欧和南欧国家仍然处于落后地位。与社会资本指标得分不同，区域创新方面瑞典并不属于第一梯队，而法国则表现得十分突出。随后的Moran I指数检验也指出，欧洲各国创新指标未呈现明显的空间相关性。初步判断，社会资本与区域创新的关系并没有理论预测的那样直接。笔者认为，社会资本的形成与地理及文化因素有关。本书中社会资本指标得分较高的地区主要是以日耳曼人为主的北欧、英国、比利时等国家。而拉丁人和斯拉夫人聚居的南欧和东欧国家，社会资本指标得分相对较低。但区域创新则主要依赖于后天因素，法国、西班牙、葡萄牙等国家在创新发展方面都有其各自的特色。

5 社会资本对创新意识影响的实证分析

5.1 实证回归：社会资本与创新意识

5.1.1 模型和变量介绍

本章将首先探讨社会资本对创新意识的影响，后续则将研究社会资本与创新意识对创新产出和经济增长的影响，也就是对创新意识—专利产品—经济价值三个阶段分别进行考察。由于本书使用的是面板数据，因此固定效应模型、随机效应模型是主要使用的方法。本书使用了三种主要方法对模型进行稳健性检验。一是使用工具变量法来处理内生性问题。二是考虑到本书使用的样本数并不大，所以使用Bootstrap方法进行抽样检验。三是引入了10个控制变量，交替进入模型以解决遗漏变量问题；同时这也可以揭示社会资本对创新的作用是否会受到其他变量的影响。此外，本书还将使用一些其他方法作为补偿检验的手段。例如，用动态面板模型作为工具变量法的补充来处理内生性问题。本书数据时间序列较短，而动态面板使用变量滞后值来进入回归方程。因此，动态面板并不是特别适合本书数据类型。基于此，我们没有将其作为主要检验手段。第一阶段提出的基础回归模型如下：

$$IAW_{i,t} = \beta_1 \ln(GDPpc)_{i,t} + \beta_2 \ln(PATst)_{i,t} + \beta_3 SC_{i,t} + \beta_4 X_{i,t} \qquad (5-1)$$

其中，IAW 指的是各个地区创新意识，该变量来源于ESS问卷"你认为拥有创新思维和意识是否重要？"该问题为等级变量，本书将回答非常重要的人数比例作为创新意识的测量指标。根据描述性分析,最大值为29%,最小值为13%。标准差和均值分别为5和21。

Porter 和 Stern(2000)认为,创新的投入可能需要一定的时间才能转化为产出,而专利的产出同样不可能会在当期就产生经济效益。因此,他们提出创新投入应该适当地滞后。但该阶段主要讨论创新意识的影响因素,因此不必滞后。

$GDPpc$ 为各个地区人均 GDP,作为主要控制变量;SC 为社会资本变量,包括一个社会资本总量变量,以及两个分类社会资本变量,分别记为认知型社会资本和结构型社会资本,社会资本总量则指的是主成分总得分;X 表示本书选取的 10 个控制变量;IV 则表示两个工具变量。

表 5-1 为控制变量说明表。

表 5-1 控制变量说明表

变量名称	变量说明
X_1: 清廉指数	该数据来源于国际公益机构 Transparency International(TI)发布的各国政府清廉指数报告。该报告始于 1995 年,每年更新一次数据。数据主要来源于问卷调查。更多信息可在 TI 官方网站上查找
X_2: 教育水平	我们使用联合国发布的教育水平指数。该指数由幼儿入学率、成人(25 岁以上)平均教育年限等指标构成
X_3: 自由化程度	该数据来源于国际机构 Heritage 发布的经济自由化指数。该指数包含贸易自由化、市场自由化、产权保护等模块。更多信息可在官方网站上查找
X_4: 技术溢出	参照 Funke 和 Niebuhr(2005)以及 Kuo 和 Yang(2008),我们给出如下计算技术溢出的公式: $$ExPAT_i = \sum_{\substack{j=1 \\ j \neq i}}^{N} PAT_j \cdot \exp[-\beta_E \cdot d_{ij}] = \sum_{\substack{j=1 \\ j \neq i}}^{N} PAT_j \cdot \exp\left[\frac{\ln(1-\gamma_E)}{\overline{D}_{AVR}} \cdot d_{ij}\right]$$ 该公式以地理距离为基础计算邻近区域专利产出对本区域的影响,距离越近,则溢出效果越明显。公式具体计算读者可参考相关文献。我们使用的是航空距离而非陆路交通距离。这主要是因为欧洲地区航空出行已经非常便利了,其价格也大大低于火车价格
X_5: 产学结合	我们使用企业 R&D 经费支出中除去企业自身投入和政府投入后剩余部分的比重作为衡量产学结合质量的指标。很明显,企业来源于非商业机构的研发资金越多,说明各类主体合作程度越高

续表

变量名称	变量说明
X_6: 健康支出	健康支出指的是区域内每千人平均健康护理领域的支出金额
X_7: 社会保障	社会保障指的是区域内每千人用于社会保障的支出金额
X_8: 终身学习	终身学习指的是在过去一年内工作人口参与4周以上培训、学习的比重。该数据属于抽样调查数据
X_9: 财政支出	该指标指的是中央政府支出占GDP比重
X_{10}: 网络使用率	该指标指的是网络覆盖人口的比重
IV_1: 最低气温	我们使用当年最冷月（2月）平均气温作为衡量最低温度的指标。如前文所述，气温指标一直是社会资本领域常见的工具变量
IV_2: 信仰差异	在前面的章节中我们发现种族多样性是社会信任的一个重要因素。不过Fearon（2003）的研究并没有持续地更新其数据。因此，我们选用了ESS中关于信仰差异的问题来作为衡量文化以及种族多样性的指标。由于基督教是欧洲主流宗教，我们将受访者中不属于基督教信仰作为信仰差异指标值。当然，基督教本身可以分为天主教、东正教和新教三个派别。虽然三者之间有差异，但仍源于同一体系

5.1.2 单位根检验与变量描述性统计

按照规范的程序，在回归之前通常需要进行单位根检验，这对于时间序列数据是非常重要的。因为非平稳的数据容易产生伪回归。当然面板数据也已经有了相关检验。尽管本书数据的时间跨度较短，但仍然可以进行相关检验。本书使用的是Levin等（2002）提出的面板单位根检验方法。其基本原理如下：

$$Y_{it} = \rho y_{it-1} + z_{it}\gamma + \mu_{it}, \ i = 1, \cdots, N; \ t = 1, \cdots, T; \ \mu \sim iid(0, \sigma_u^2) \tag{5-2}$$

其中，z_{it}指的是外生变量，包括固定效应或固定时间趋势。LL的原假设是$\rho < 1$，而备择假设是$\rho > 1$。其采用的统计量为：

$$t_\rho = (\hat{\rho} - 1) \frac{\sqrt{\sum_{i=1}^{N}\sum_{t=1}^{T} \tilde{y}_{i,t-1}^2}}{S_e} \tag{5-3}$$

由于受篇幅所限，我们只对几个主要的变量进行单位根检验，输出结果如表 5-2 所示。不难看出，所有检验结果都说明这些变量不存在单位根，是平稳的时间序列。我们随后输出了各变量描述性统计的结果（见表 5-3）。由于社会资本变量、技术溢出变量、专利存量变量是通过计算得出的，不属于直接观测变量，因而没有输出描述性统计的结果。在完成基础分析之后我们可以进入回归分析阶段。

表 5-2　单位根检验输出结果

	coefficient	t-value	t-star	p>t
专利数量	-0.514	-7.126	-4.846	0.000
研发投入	-0.605	-7.473	-6.173	0.000
研发人员	-0.638	-7.348	-6.295	0.000
知识存量	-1.204	-19.238	-18.383	0.000
创新意识	-0.931	-11.381	-10.341	0.000
认知型社会资本	-0.842	-13.414	-10.944	0.000
结构型社会资本	-1.859	-21.380	-21.140	0.000
社会资本总指标	-0.858	-9.515	-7.676	0.000

表 5-3　各变量描述性统计的结果

	Mean	SD	min	max
专利数量	145.15	118.42	2.19	431.82
研发投入	446.20	321.07	8.60	1337.10
研发人员	5.88	2.35	1.92	11.13
清廉指数	7.55	1.52	3.50	9.70
教育水平	0.822	0.055	0.637	0.912
自由化程度	69.02	10.93	37	91
终身学习	13.70	8.91	2.70	35.80
社会保障	2207.60	1124.60	203.90	5747.50
健康支出	9.31	1.65	5.09	12.83
网络使用	65.70	20.20	16.70	94.60
产学结合	17.66	7.30	4.34	36.79
财政支出	28.09	8.93	10.30	58.20

5.1.3 固定效应和随机效应分析

如前所述，我们首先对面板数据使用固定效应模型和随机效应模型进行检验。在基准的模型中，我们不考虑加入更多的控制变量。Mundlak（1978）指出，固定效应与随机效应的区别主要在于假设考察个体那些不随时间改变的变量是否与模型中的自变量相关。具体来说，固定效应模型认为不随时间改变的变量与自变量是相关的，而随机效应则假设与之不相关。关于固定效应和随机效应的选择我们可以用 Hausman 检验来完成。

表5-4输出了包含人均GDP和三个社会资本变量的模型。每个模型均先进行固定效应计算，再进行随机效应计算，并用 Hausman 检验考察哪个模型更适用。结果显示，认知型社会资本在1%水平上显著，不论是单独进入模型还是和结构型社会资本一同进入模型。这意味着当主成分得分提高1分时，能够使创新意识提升1%左右。而结构型社会资本并不显著，说明政治参与和社会交往并不显著提升创新意识。社会资本总指标同样不显著，这说明仅有部分社会资本能对创新意识产生显著性影响。人均GDP在1%水平上显著，这意味着经济越发达的地区越重视创新意识。各个模型输出的 R^2 系数都在30%~40%左右，这意味着经济发展水平能够很好地预测创新意识；当然，这也意味着可能存在遗漏变量的问题，有60%的模型无法被准确估计。

表5-4 基础面板回归结果（社会资本—创新意识）

	模型1		模型2		模型3		模型4	
人均GDP	1.227 (0.001)	2.093 (0.000)	1.081 (0.002)	2.159 (0.023)	1.189 (0.001)	2.172 (0.000)	1.103 (0.001)	2.021 (0.000)
认知型社会资本	0.091 (0.001)	0.137 (0.002)			0.094 (0.001)	0.141 (0.001)		
结构型社会资本			0.014 (0.241)	0.005 (0.221)	0.011 (0.145)	0.003 (0.251)		
社会资本总指标							0.042 (0.121)	0.030 (0.133)
F-test/Wald Chi2	41.21	88.77	42.32	81.25	41.57	91.33	27.11	29.81

续表

	模型1		模型2		模型3		模型4	
No. Obs	128	128	128	128	128	128	128	128
Hausman	14.85		10.44		15.44		11.21	
R-square（B）	0.4214	0.4847	0.4131	0.4742	0.4121	0.4899	0.3054	0.3764

注：括号中为 P 值。

5.1.4 加入控制变量

表 5-5~表 5-7 为控制变量回归结果。

表 5-5 控制变量回归结果 1（社会资本—创新意识阶段）

	模型1		模型2		模型3		模型4	
人均GDP	1.178 (0.001)	2.203 (0.000)	0.973 (0.002)	1.976 (0.001)	1.204 (0.001)	2.201 (0.000)	1.207 (0.001)	1.997 (0.000)
认知型社会资本	0.104 (0.001)	0.119 (0.002)			0.089 (0.000)	0.151 (0.000)		
结构型社会资本			0.014 (0.341)	0.006 (0.281)	0.009 (0.245)	0.009 (0.353)		
社会资本总指标							0.043 (0.141)	0.029 (0.153)
社会保障	0.141 (0.001)	0.122 (0.000)	0.133 (0.001)	0.117 (0.000)	0.192 (0.000)	0.141 (0.000)	0.199 (0.000)	0.120 (0.000)
教育水平	0.271 (0.022)	0.209 (0.045)	0.272 (0.031)	0.209 (0.044)	0.299 (0.020)	0.197 (0.031)	0.281 (0.028)	0.195 (0.040)
自由化程度	0.012 (0.433)	0.015 (0.381)	0.017 (0.401)	0.014 (0.377)	0.017 (0.399)	0.019 (0.422)	0.009 (0.398)	0.011 (0.411)
F-test/Wald Chi2	121.33	171.07	122.33	181.35	130.62	191.47	127.74	199.25
No. Obs	128	128	128	128	128	128	128	128
Hausman	27.85		17.41		19.28		18.22	
R-square（B）	0.7031	0.7974	0.7005	0.7741	0.7091	0.7769	0.7054	0.7764

注：括号中为 P 值。

社会资本及其对创新意识和创新产出的影响

表 5-6 控制变量回归结果 2（社会资本—创新意识阶段）

	模型 1		模型 2		模型 3		模型 4	
人均 GDP	1.188 (0.001)	2.211 (0.000)	1.173 (0.001)	2.276 (0.001)	1.109 (0.001)	2.008 (0.000)	1.210 (0.001)	1.989 (0.000)
认知型社会资本	0.116 (0.000)	0.128 (0.000)			0.119 (0.000)	0.142 (0.000)		
结构型社会资本			0.019 (0.241)	0.016 (0.207)	0.018 (0.205)	0.014 (0.256)		
社会资本总指标							0.048 (0.122)	0.041 (0.138)
技术溢出	0.348 (0.041)	0.321 (0.030)	0.353 (0.021)	0.371 (0.033)	0.307 (0.021)	0.366 (0.037)	0.290 (0.033)	0.371 (0.041)
产学结合	0.124 (0.122)	0.109 (0.145)	0.189 (0.131)	0.119 (0.144)	0.178 (0.135)	0.114 (0.136)	0.182 (0.128)	0.173 (0.101)
健康支出	0.102 (0.233)	0.115 (0.281)	0.117 (0.302)	0.108 (0.271)	0.116 (0.309)	0.119 (0.324)	0.009 (0.398)	0.011 (0.411)
F-test/Wald Chi2	81.33	102.08	82.34	105.36	87.62	97.47	87.01	99.88
No. Obs	128	128	128	128	128	128	128	128
Hausman	17.85		19.41		21.72		19.22	
R-square（B）	0.5035	0.4914	0.5105	0.4742	0.5092	0.4969	0.4754	0.5082

注：括号中为 P 值。

表 5-7 控制变量回归结果 3（社会资本—创新意识阶段）

	模型 1		模型 2		模型 3		模型 4	
人均 GDP	1.161 (0.001)	2.231 (0.000)	1.177 (0.001)	2.236 (0.001)	1.118 (0.001)	2.321 (0.000)	1.152 (0.001)	1.941 (0.000)
认知型社会资本	0.117 (0.000)	0.131 (0.000)			0.120 (0.000)	0.142 (0.000)		
结构型社会资本			0.019 (0.342)	0.014 (0.312)	0.021 (0.302)	0.007 (0.321)		
社会资本总指标							0.044 (0.123)	0.037 (0.166)

续表

	模型1		模型2		模型3		模型4	
清廉指数	0.449 (0.141)	0.448 (0.140)	0.441 (0.123)	0.467 (0.153)	0.411 (0.142)	0.451 (0.125)	0.459 (0.135)	0.451 (0.126)
财政支出	0.341 (0.222)	0.321 (0.245)	0.325 (0.234)	0.351 (0.241)	0.361 (0.237)	0.337 (0.267)	0.309 (0.221)	0.321 (0.204)
终身学习	0.102 (0.035)	0.115 (0.043)	0.117 (0.075)	0.108 (0.095)	0.116 (0.054)	0.119 (0.026)	0.009 (0.043)	0.011 (0.041)
网络使用	0.068 (0.241)	0.077 (0.232)	0.059 (0.204)	0.064 (0.211)	0.071 (0.192)	0.057 (0.218)	0.075 (0.199)	0.067 (0.201)
F-test/Wald Chi2	82.45	98.81	81.55	102.16	81.62	96.43	82.22	91.86
No. Obs	128	128	128	128	128	128	128	128
Hausman	31.84		27.45		24.66		29.12	
R-square（B）	0.5155	0.4731	0.5012	0.4992	0.5012	0.4969	0.4954	0.5181

注：括号中为P值。

本阶段加入了更多的控制变量以进行稳健性检验。由于伪回归的存在，许多原本显著的变量在加入其他控制变量后都会变得不再显著。因此，需要引入较多的控制变量进行检验。上述回归过程中仍然同时计算了固定效应模型和随机效应模型，此处一共添加了十个控制变量，结果表明社会资本变量的显著性没有改变。认知型社会资本对创新意识产生正向影响，而结构型社会资本和社会资本总量均不显著。这再次验证了前述假设。在众多控制变量中，社会保障、教育水平和技术溢出对创新意识有促进作用，其他变量则不显著。技术溢出反映的是周边区域的创新能力。周边地区创新能力越强，本地区对创新的重视程度越高。教育水平以及终身教育和创新意识的关系也符合理论预期。教育，尤其是高等教育本身就是以培养人们的创新精神和创新能力为基本价值取向的。回归结果还显示，用于这方面的支出每增加1元，创新意识得分就提高0.12分左右。社会保障指的是政府为满足居民基本生活所需，提供的物质上或精神上的帮助。根据马斯洛需求层次理论，大多数人在物质生活得到基本保障的前提下才会有更高一层的精神追求。因此，物质保障水平提高，创新精神也能得到相应的提升。

5.1.5 Bootstrap

考虑到使用的样本量较少，本书还采取 Bootstrap 方法进行稳健性检验。该方法目前还没有通用的中文译名，一般称为"自助法""自举法"和"自助法回归"。计量经济模型通常假设误差项服从正态分布，但如果样本量较小，误差项很难满足正态分布。Bootstrap 方法通过对原有观测数据重复抽样解决了因无法获得大样本而导致的推断失误。其基本原理如下，考虑一个简单的回归模型：$Y = X^T\beta + \varepsilon$，此时存在 $\hat{\beta}_n$，使 $\sum_{i=1}^{n}\psi(Y - X^T\beta)x_i = 0$，设样本 $S = \{x_1^i, x_2^i, y^i\}$，其中，$i = 1, 2\cdots, n$ 来自总体 P，需要估计的泛函数为 $\beta = \beta(P)$，相应地，有 $T = \beta(S)$，此时经过抽样得到样本 $S^* = \{x_1^{i^*}, x_2^{i^*}, y^{i^*}\}$，计算 $T^* = \beta(S^*)$，则可得到近似分布、区间估计等统计量。霍塞曼（2008）认为，Bootstrap 抽样数量为（2N−1），N 为实际样本数量。我们依据该方法将抽样数量设定为 355。当然 Bootstrap 检验的稳健程度还是主要依赖于原有的样本量，本书的样本量虽然不大，但也达到了回归分析的基本要求。因此，在这基础上进行 Bootstrap 检验也是十分必要的。表 5-8～表 5-11 给出了相关 Bootstrap 检验的结果。不难看出，输出的结果与控制变量回归时并无太大差别，部分变量的 P 值发生了较小程度的变化，但没有显著影响程度。这说明了前期回归具备稳健性，在原有样本基础上进行抽样并没有改变回归结果。认知型社会资本对创新意识有促进作用，而结构型社会资本和社会资本总指标则不显著。控制变量中的"终身学习""教育水平"和"技术溢出"仍然在一定程度上显著。

表 5-8 Bootstrap 回归结果 1（社会资本—创新意识阶段）

	模型 1		模型 2		模型 3		模型 4	
人均 GDP	1.227 (0.001)	2.093 (0.001)	1.081 (0.002)	2.159 (0.013)	1.189 (0.007)	2.172 (0.000)	1.103 (0.006)	2.021 (0.006)
认知型社会资本	0.091 (0.002)	0.137 (0.003)			0.094 (0.001)	0.141 (0.004)		

5 社会资本对创新意识影响的实证分析

续表

	模型1		模型2		模型3		模型4	
结构型社会资本			0.014 (0.276)	0.005 (0.291)	0.011 (0.275)	0.003 (0.352)		
社会资本总指标							0.042 (0.145)	0.030 (0.125)
F-test/Wald Chi2	41.21	88.77	42.32	81.25	41.57	91.33	27.11	29.81
No. Obs	128	128	128	128	128	128	128	128
R-square（B）	0.4325	0.4734	0.4034	0.4811	0.4128	0.4808	0.3034	0.3787

注：括号中为 P 值。

表5-9 Bootstrap 回归结果 2（社会资本—创新意识阶段）

	模型1		模型2		模型3		模型4	
人均 GDP	1.178 (0.002)	2.203 (0.001)	0.973 (0.002)	1.976 (0.002)	1.204 (0.001)	2.201 (0.001)	1.207 (0.001)	1.997 (0.001)
认知型社会资本	0.104 (0.001)	0.119 (0.002)			0.089 (0.002)	0.151 (0.002)		
结构型社会资本			0.014 (0.313)	0.006 (0.265)	0.009 (0.243)	0.009 (0.313)		
社会资本总指标							0.043 (0.112)	0.029 (0.114)
社会保障	0.141 (0.001)	0.122 (0.002)	0.133 (0.001)	0.117 (0.002)	0.192 (0.002)	0.141 (0.002)	0.199 (0.002)	0.120 (0.002)
教育水平	0.271 (0.027)	0.209 (0.065)	0.272 (0.041)	0.209 (0.056)	0.299 (0.017)	0.197 (0.021)	0.281 (0.048)	0.195 (0.059)
自由化程度	0.012 (0.275)	0.015 (0.251)	0.017 (0.301)	0.014 (0.307)	0.017 (0.289)	0.019 (0.272)	0.009 (0.308)	0.011 (0.311)
F-test/Wald Chi2	121.33	171.07	122.33	181.35	130.62	191.47	127.74	199.25
No. Obs	128	128	128	128	128	128	128	128
R-square（B）	0.7132	0.7876	0.7115	0.7943	0.7193	0.7868	0.7041	0.7869

注：括号中为 P 值。

表 5-10 Bootstrap 回归结果 3（社会资本—创新意识阶段）

	模型1		模型2		模型3		模型4	
人均 GDP	1.188 (0.001)	2.211 (0.000)	1.173 (0.001)	2.276 (0.001)	1.109 (0.001)	2.008 (0.000)	1.210 (0.001)	1.989 (0.000)
认知型社会资本	0.116 (0.000)	0.128 (0.000)			0.119 (0.000)	0.142 (0.000)		
结构型社会资本			0.019 (0.147)	0.016 (0.127)	0.018 (0.135)	0.014 (0.142)		
社会资本总指标							0.048 (0.142)	0.041 (0.134)
技术溢出	0.348 (0.041)	0.321 (0.021)	0.353 (0.041)	0.371 (0.22)	0.307 (0.032)	0.366 (0.024)	0.290 (0.051)	0.371 (0.042)
产学结合	0.124 (0.123)	0.109 (0.147)	0.189 (0.151)	0.119 (0.115)	0.178 (0.126)	0.114 (0.141)	0.182 (0.153)	0.173 (0.146)
健康支出	0.102 (0.278)	0.115 (0.268)	0.117 (0.280)	0.108 (0.254)	0.116 (0.272)	0.119 (0.309)	0.009 (0.301)	0.011 (0.277)
F-test/Wald Chi2	81.33	102.08	82.34	105.36	87.62	97.47	87.01	99.88
No. Obs	128	128	128	128	128	128	128	128
R-square（B）	0.5035	0.4914	0.5105	0.4742	0.5092	0.4969	0.4754	0.5082

注：括号中为 P 值。

表 5-11 Bootstrap 回归结果 4（社会资本—创新意识阶段）

	模型1		模型2		模型3		模型4	
人均 GDP	1.161 (0.001)	2.231 (0.000)	1.177 (0.001)	2.236 (0.001)	1.118 (0.001)	2.321 (0.000)	1.152 (0.001)	1.941 (0.000)
认知型社会资本	0.117 (0.000)	0.131 (0.000)			0.120 (0.000)	0.142 (0.000)		
结构型社会资本			0.019 (0.412)	0.014 (0.405)	0.021 (0.427)	0.007 (0.411)		
社会资本总指标							0.044 (0.127)	0.037 (0.154)

续表

	模型1		模型2		模型3		模型4	
清廉指数	0.449 (0.123)	0.448 (0.141)	0.441 (0.113)	0.467 (0.142)	0.411 (0.151)	0.451 (0.134)	0.459 (0.138)	0.451 (0.112)
财政支出	0.341 (0.321)	0.321 (0.314)	0.325 (0.289)	0.351 (0.293)	0.361 (0.312)	0.337 (0.241)	0.309 (0.261)	0.321 (0.214)
终身学习	0.102 (0.076)	0.115 (0.063)	0.117 (0.045)	0.108 (0.085)	0.116 (0.074)	0.119 (0.025)	0.009 (0.061)	0.011 (0.052)
网络使用	0.068 (0.341)	0.077 (0.332)	0.059 (0.312)	0.064 (0.317)	0.071 (0.295)	0.057 (0.267)	0.075 (0.303)	0.067 (0.332)
F-test/Wald Chi2	82.45	98.81	81.55	102.16	81.62	96.43	82.22	91.86
No. Obs	128	128	128	128	128	128	128	128
R-square（B）	0.5155	0.4731	0.5012	0.4992	0.5012	0.4969	0.4954	0.5181

注：括号中为P值。

5.1.6 工具变量法

本节使用工具变量法来解决可能存在的内生性问题。如前所述，关于社会资本的决定因素存在两种观点：一种是认为社会资本由历史条件决定；另一种是认为社会资本会随环境的变化而不断变化。如果社会资本不是恒定的而是不断变化的，那么它与创新之间可能就存在双向因果关系。例如，创新产出提高了经济发展水平，完善了制度建设，从而又促进了居民信任、公民道德、合作意识等社会资本要素的形成。要避免双向因果关系可以使用多种方法。但社会资本研究中工具变量法是较常使用的方法。Bjornskov 和 Meo（2015）梳理了以往社会资本研究中常用的工具变量，因此本书借鉴了他们的研究，使用的是最冷月份平均气温和信仰差异程度。在之前讨论社会资本决定因素的章节中我们已经说明了气温条件和种族多样性对社会资本的影响。

回归具体结果如表 5-12 所示。两个工具变量都能显著预测社会资本，但系数相反。气温越低以及信仰差异越小的地区越容易形成较高的"认知型社会资本"。也就是说，在气温越低的地方居民越容易形成互助互信的传统，而信仰差异较小时居民之间沟通交流产生冲突的可能性较低。由于

社会资本及其对创新意识和创新产出的影响

篇幅关系，只汇报了核心变量。模型 1 没有加入任何控制变量，而模型 2 到模型 4 中控制变量的引入方法和上节一致。

表 5-12　工具变量检验结果（社会资本—创新意识阶段）

	模型 1	模型 2	模型 3	模型 4
认知型社会资本	0.199 (0.078)	0.202 (0.072)	0.201 (0.069)	0.197 (0.072)
结构型社会资本	0.234 (0.141)	0.253 (0.142)	0.276 (0.152)	0.120 (0.083)
社会资本总指标	0.069 (0.172)	0.023 (0.199)	0.041 (0.162)	0.153 (0.178)
最低气温	-0.042 (0.021)	-0.042 (0.021)	-0.042 (0.021)	-0.042 (0.021)
信仰差异	-0.004 (0.027)	-0.004 (0.027)	-0.004 (0.027)	-0.004 (0.027)
F-test/Wald Chi2	34.12	76.40	63.28	62.81
No. Obs	128	128	128	128
Hausman	7.13	-19.52	2.57	109.28
F-first	4.23	11.28	3.33	12.79
R-square（B）	0.6992	0.7247	0.7159	0.7042

注：括号中为 P 值。预测变量为认知型社会资本，这是因为结构型社会资本和社会资本总指标均不显著，因此不需要进行工具变量分析。

5.2　本章小结

本章对研究假设进行了实证分析。第 4 章研究将社会资本分为了两个类型，分别是认知型和结构型。研究结果表明，认知型社会资本对创新意识有一定促进作用，而结构型社会资本的作用则不显著。社会资本总指标同样不显著。这说明社会资本整体并不能发挥较大作用，仅其中某些方面能够促进创新意识。这一结论在加入了 10 个控制变量以及再抽样后仍然显著。为解决双向因果产生的内生性问题，本章引入了两个工具变量。在气温较低以及信仰差异较小的地方，居民之间互惠和信任程度越高，越容易培育认知型社会资本。

6 社会资本对创新产出影响的实证分析

6.1 固定效应和随机效应分析

在考察社会资本与创新意识的关系后，本章将关注社会资本对创新产出的影响。基本回归思路与上一章类似，先使用固定效应模型和随机效应模型，随后加入控制变量，最终使用工具变量和 Bootstrap 进行验证。基准回归模型使用生产函数模型，其回归结果如表 6-1 所示。

表 6-1 基础面板回归结果（社会资本—创新产出）

	模型 1		模型 2		模型 3		模型 4	
研发投入	0.102 (0.001)	0.113 (0.000)	0.098 (0.007)	0.087 (0.023)	0.098 (0.003)	0.095 (0.000)	0.090 (0.001)	0.101 (0.000)
研发人员	0.316 (0.002)	0.421 (0.002)	0.336 (0.033)	0.427 (0.001)	0.302 (0.000)	0.417 (0.001)	0.326 (0.011)	0.443 (0.002)
知识存量	0.241 (0.002)	0.271 (0.001)	0.242 (0.001)	0.312 (0.000)	0.252 (0.003)	0.288 (0.002)	0.264 (0.001)	0.295 (0.002)
认知型社会资本	0.088 (0.175)	0.037 (0.202)			0.293 (0.001)	0.332 (0.001)		
结构型社会资本			0.094 (0.178)	0.055 (0.203)	0.065 (0.145)	0.088 (0.151)		

续表

	模型1		模型2		模型3		模型4	
社会资本总指标							0.176 (0.041)	0.130 (0.041)
F-test/Wald Chi2	67.81	99.62	64.51	92.87	70.11	111.21	77.12	109.80
No. Obs	128	128	128	128	128	128	128	128
Hausman	3.61		0.79		87.23		1.23	
R-square（B）	0.7425	0.8160	0.6974	0.7801	0.7041	0.7798	0.7520	0.7901

注：括号中为P值。

表6-1输出了包含研发投入、研发人员、知识存量和社会资本变量的模型。每个模型均先进行固定效应计算，再进行随机效应计算。结果显示，认知型社会资本在单独进入模型时均不显著，在与结构型社会资本同时进入模型时才显著；而结构型社会资本变量在模型中均不显著。社会资本总指标也在5%水平下显著，不过系数并不高。这些结果初步表明，社会资本对专利产出有一定积极作用。但由于包含政治参与和社会交往指标的结构型社会资本变量不显著，可以认为社会资本不同维度对创新产出有不同影响。其他指标，如研发人员、研发投入、知识存量都在不同程度上显著，说明这些变量都是影响创新产出的重要因素。而各个模型输出的R^2系数都在60%以上，也意味着知识生产函数模型能够比较精准地刻画影响区域创新的因素。在四组模型中有三组偏向于随机效应模型。说明各个样本的个体效应与模型误差项不相关。

6.2 加入控制变量

本节中加入了更多的控制变量，输出结果如表6-2~6-4所示。在回归过程中仍然同时计算了固定效应模型和随机效应模型。创新产出的几个核心变量中，研发人员和知识存量、研发投入一直显著，这证明了知识生产函数的有效性。之前提到，本书选取的几乎是既与社会资本有关又与区域创新有关的控制变量，这主要是考虑到它们之间的间接因果关系。即社

社会资本及其对创新意识和创新产出的影响

会资本本身可能对区域创新无显著影响，只有在通过控制某些变量后其影响才变得显著。回归结果表明，尽管清廉指数、教育水平、自由化程度、技术溢出等变量在1%~10%水平上显著，但并没有改变社会资本变量的显著性。结构型社会资本变量没有随着控制变量的增加而显著，而认知型社会资本的显著性也没有随着控制变量的加入而削弱。这意味着认知型社会资本对于创新产出而言是一个恒常变量。唯一与理论预测有出入的是技术溢出变量。传统观点认为，技术溢出会促进本区域创新发展，但也可能存在极化效应。当周边区域创新能力较强时可能吸纳本区域的要素，从而削弱了本区域的创新能力。这一点在欧洲地区似乎也得到了验证。

表6-2 控制变量回归结果1（社会资本—创新产出阶段）

	模型1		模型2		模型3		模型4	
研发投入	0.130 (0.001)	0.142 (0.000)	0.122 (0.000)	0.147 (0.000)	0.128 (0.001)	0.144 (0.001)	0.131 (0.001)	0.141 (0.000)
研发人员	0.304 (0.002)	0.416 (0.002)	0.315 (0.003)	0.404 (0.001)	0.302 (0.000)	0.417 (0.001)	0.351 (0.001)	0.403 (0.002)
知识存量	0.223 (0.001)	0.289 (0.001)	0.223 (0.001)	0.318 (0.002)	0.204 (0.003)	0.279 (0.002)	0.288 (0.001)	0.302 (0.002)
认知型社会资本	0.068 (0.215)	0.041 (0.232)			0.123 (0.001)	0.139 (0.001)		
结构型社会资本			0.054 (0.261)	0.042 (0.333)	0.065 (0.205)	0.078 (0.241)		
社会资本总指标							0.106 (0.052)	0.120 (0.067)
技术溢出	-0.123 (0.023)	-0.104 (0.047)	-0.119 (0.042)	-0.107 (0.055)	-0.126 (0.011)	-0.114 (0.029)	-0.147 (0.031)	-0.120 (0.038)
产学结合	0.031 (0.117)	0.072 (0.104)	0.048 (0.119)	0.061 (0.104)	0.048 (0.122)	0.067 (0.104)	0.039 (0.127)	0.052 (0.142)
健康支出	0.249 (0.001)	0.218 (0.001)	0.225 (0.000)	0.209 (0.001)	0.222 (0.001)	0.239 (0.001)	0.206 (0.001)	0.263 (0.000)

续表

	模型1		模型2		模型3		模型4	
F-test/Wald Chi2	67.81	199.62	64.56	182.51	60.11	111.21	57.12	88.23
No. Obs	128	128	128	128	128	128	128	128
Hausman	4.77		0.91		87.23		1.23	
R-square（B）	0.7625	0.8316	0.7513	0.8204	0.7041	0.7798	0.7520	0.7901

表6-3 控制变量回归结果2（社会资本——创新产出阶段）

	模型1		模型2		模型3		模型4	
研发投入	0.112 (0.001)	0.117 (0.000)	0.108 (0.002)	0.129 (0.003)	0.112 (0.001)	0.137 (0.001)	0.132 (0.001)	0.103 (0.000)
研发人员	0.316 (0.001)	0.378 (0.002)	0.304 (0.002)	0.410 (0.001)	0.322 (0.007)	0.394 (0.001)	0.341 (0.001)	0.412 (0.002)
知识存量	0.272 (0.001)	0.357 (0.001)	0.256 (0.001)	0.398 (0.002)	0.255 (0.003)	0.379 (0.002)	0.261 (0.001)	0.348 (0.002)
认知型社会资本	0.094 (0.195)	0.103 (0.201)			0.134 (0.001)	0.145 (0.001)		
结构型社会资本			0.061 (0.223)	0.039 (0.441)	0.058 (0.205)	0.078 (0.179)		
社会资本总指标							0.086 (0.122)	0.090 (0.104)
社会保障	0.051 (0.461)	0.027 (0.471)	0.059 (0.421)	0.021 (0.415)	0.023 (0.123)	0.004 (0.107)	0.019 (0.142)	0.010 (0.114)
教育水平	0.332 (0.007)	0.294 (0.004)	0.288 (0.000)	0.301 (0.000)	0.231 (0.017)	0.272 (0.004)	0.228 (0.016)	0.269 (0.008)
自由化程度	0.117 (0.007)	0.122 (0.001)	0.112 (0.001)	0.135 (0.001)	0.102 (0.007)	0.118 (0.001)	0.121 (0.002)	0.134 (0.001)
F-test/Wald Chi2	167.81	249.61	162.14	232.44	131.17	218.05	138.15	209.11
No. Obs	128	128	128	128	128	128	128	128
Hausman	8.72		1.55		49.24		11.45	
R-square（B）	0.6825	0.8311	0.7225	0.8441	0.7105	0.8291	0.7105	0.7949

注：括号中为P值。

社会资本及其对创新意识和创新产出的影响

表 6-4 控制变量回归结果 3（社会资本——创新产出阶段）

	模型 1		模型 2		模型 3		模型 4	
研发投入	0.127 (0.001)	0.127 (0.000)	0.117 (0.002)	0.116 (0.003)	0.129 (0.001)	0.133 (0.001)	0.135 (0.001)	0.121 (0.000)
研发人员	0.362 (0.001)	0.396 (0.002)	0.332 (0.002)	0.430 (0.001)	0.389 (0.001)	0.437 (0.001)	0.362 (0.001)	0.420 (0.001)
知识存量	0.275 (0.001)	0.358 (0.001)	0.245 (0.001)	0.361 (0.002)	0.2531 (0.003)	0.344 (0.002)	0.242 (0.001)	0.373 (0.001)
认知型社会资本	0.104 (0.120)	0.121 (0.132)			0.154 (0.001)	0.166 (0.001)		
结构型社会资本			0.066 (0.212)	0.049 (0.242)	0.061 (0.212)	0.083 (0.221)		
社会资本总指标							0.069 (0.052)	0.078 (0.094)
清廉指数	0.357 (0.000)	0.317 (0.000)	0.395 (0.000)	0.324 (0.000)	0.368 (0.000)	0.302 (0.000)	0.363 (0.000)	0.306 (0.001)
财政支出	0.164 (0.302)	0.173 (0.412)	0.126 (0.321)	0.173 (0.414)	0.1245 (0.339)	0.163 (0.456)	0.174 (0.351)	0.182 (0.405)
终身学习	0.201 (0.517)	0.277 (0.561)	0.211 (0512)	0.243 (0.604)	0.189 (0.522)	0.227 (0.577)	0.213 (0.532)	0.264 (0.609)
网络使用	0.231 (0.641)	0.194 (0.571)	0.241 (0.481)	0.204 (0.504)	0.199 (0.467)	0.231 (0.591)	0.195 (0.681)	0.244 (0.403)
F-test/Wald Chi2	137.48	199.58	122.42	187.56	131.39	198.41	128.51	199.11
No. Obs	128	128	128	128	128	128	128	128
Hausman	18.95		21.504		40.51		15.13	
R-square（B）	0.7452	0.7311	0.7522	0.7442	0.7205	0.7609	0.7212	0.7341

注：括号中为 P 值。

6.3 Bootstrap

考虑到使用的样本量较少,本节继续采取 Bootstrap 方法进行稳健性检验。表6-5~表6-7给出了相关 Bootstrap 检验的结果。整体而言,各个变量的系数没有发生变化,但显著性有所变动。研发投入此时变得不再显著。这可能是因为滞后期不够长,研发投入在短时间内难以转化成专利产出。但其他变量回归结果变动不大。认知型社会资本仍然显著,研发人员、知识存量、清廉指数、教育水平等变量也能预测创新产出。

表6-5 Bootstrap 回归结果1(社会资本—创新产出阶段)

	模型1		模型2		模型3		模型4	
研发投入	0.130 (0.161)	0.142 (0.107)	0.122 (0.125)	0.147 (0.124)	0.128 (0.101)	0.144 (0.131)	0.131 (0.123)	0.141 (0.107)
研发人员	0.304 (0.002)	0.416 (0.002)	0.315 (0.003)	0.404 (0.001)	0.302 (0.000)	0.417 (0.001)	0.351 (0.001)	0.403 (0.002)
知识存量	0.223 (0.001)	0.289 (0.001)	0.223 (0.001)	0.318 (0.002)	0.204 (0.003)	0.279 (0.002)	0.288 (0.001)	0.302 (0.002)
认知型社会资本	0.068 (0.015)	0.041 (0.021)			0.123 (0.001)	0.139 (0.001)		
结构型社会资本			0.054 (0.212)	0.042 (0.352)	0.065 (0.215)	0.078 (0.252)		
社会资本总指标							0.106 (0.072)	0.120 (0.167)
技术溢出	-0.123 (0.023)	-0.104 (0.037)	-0.119 (0.022)	-0.107 (0.015)	-0.126 (0.031)	-0.114 (0.039)	-0.147 (0.051)	-0.120 (0.048)
产学结合	0.031 (0.107)	0.072 (0.107)	0.048 (0.119)	0.061 (0.107)	0.048 (0.122)	0.067 (0.134)	0.039 (0.127)	0.052 (0.142)
健康支出	0.249 (0.001)	0.218 (0.001)	0.225 (0.000)	0.209 (0.001)	0.222 (0.001)	0.239 (0.001)	0.206 (0.001)	0.263 (0.000)

社会资本及其对创新意识和创新产出的影响

续表

	模型1		模型2		模型3		模型4	
F-test/Wald Chi2	67.81	199.62	64.56	182.51	60.11	111.21	57.12	88.23
No. Obs	128	128	128	128	128	128	128	128
Hausman	4.77		0.91		87.23		1.23	
R-square（B）	0.7625	0.8316	0.7513	0.8204	0.7041	0.7798	0.7520	0.7901

表6-6　Bootstrap回归结果2（社会资本—创新产出阶段）

	模型1		模型2		模型3		模型4	
研发投入	0.112 (0.124)	0.117 (0.122)	0.108 (0.097)	0.129 (0.104)	0.112 (0.121)	0.137 (0.116)	0.132 (0.132)	0.103 (0.098)
研发人员	0.316 (0.002)	0.378 (0.002)	0.304 (0.002)	0.410 (0.001)	0.322 (0.017)	0.394 (0.001)	0.341 (0.011)	0.412 (0.002)
知识存量	0.272 (0.001)	0.357 (0.001)	0.256 (0.001)	0.398 (0.002)	0.255 (0.003)	0.379 (0.002)	0.261 (0.001)	0.348 (0.002)
认知型社会资本	0.094 (0.145)	0.103 (0.121)			0.134 (0.031)	0.145 (0.041)		
结构型社会资本			0.061 (0.223)	0.039 (0.441)	0.058 (0.205)	0.078 (0.179)		
社会资本总指标							0.086 (0.122)	0.090 (0.121)
社会保障	0.051 (0.461)	0.027 (0.471)	0.059 (0.421)	0.021 (0.415)	0.023 (0.123)	0.004 (0.107)	0.019 (0.142)	0.010 (0.114)
教育水平	0.332 (0.007)	0.294 (0.004)	0.228 (0.000)	0.301 (0.000)	0.241 (0.017)	0.272 (0.004)	0.228 (0.016)	0.269 (0.008)
自由化程度	0.117 (0.007)	0.122 (0.001)	0.112 (0.001)	0.135 (0.001)	0.102 (0.007)	0.118 (0.001)	0.121 (0.002)	0.134 (0.001)
F-test/Wald Chi2	167.81	249.61	162.14	232.44	131.17	218.05	138.15	209.11
No. Obs	128	128	128	128	128	128	128	128
Hausman	8.72		1.55		49.24		11.45	
R-square（B）	0.6825	0.8311	0.7225	0.8441	0.7105	0.8291	0.7105	0.7949

注：括号中为P值。

表 6-7 Bootstrap 回归结果 3（社会资本—创新产出阶段）

	模型1		模型2		模型3		模型4	
研发投入	0.127 (0.127)	0.127 (0.130)	0.117 (0.122)	0.116 (0.126)	0.129 (0.109)	0.133 (0.117)	0.135 (0.125)	0.121 (0.122)
研发人员	0.362 (0.001)	0.396 (0.002)	0.332 (0.002)	0.430 (0.001)	0.389 (0.001)	0.437 (0.001)	0.362 (0.001)	0.420 (0.001)
知识存量	0.275 (0.001)	0.358 (0.001)	0.245 (0.001)	0.361 (0.002)	0.2531 (0.003)	0.344 (0.002)	0.242 (0.001)	0.373 (0.001)
认知型社会资本	0.104 (0.125)	0.121 (0.137)			0.154 (0.031)	0.166 (0.021)		
结构型社会资本			0.066 (0.212)	0.049 (0.242)	0.061 (0.212)	0.083 (0.221)		
社会资本总指标							0.069 (0.102)	0.078 (0.134)
清廉指数	0.357 (0.000)	0.317 (0.000)	0.395 (0.000)	0.324 (0.000)	0.368 (0.000)	0.302 (0.000)	0.363 (0.000)	0.306 (0.001)
财政支出	0.164 (0.302)	0.173 (0.412)	0.126 (0.321)	0.173 (0.414)	0.1245 (0.339)	0.163 (0.456)	0.174 (0.351)	0.182 (0.405)
终身学习	0.201 (0.517)	0.277 (0.561)	0.211 (0512)	0.243 (0.604)	0.189 (0.522)	0.227 (0.577)	0.213 (0.532)	0.264 (0.609)
网络使用	0.231 (0.641)	0.194 (0.571)	0.241 (0.481)	0.204 (0.504)	0.199 (0.467)	0.231 (0.591)	0.195 (0.681)	0.244 (0.403)
F-test/Wald Chi2	137.48	199.58	122.42	187.56	131.39	198.41	128.51	199.11
No. Obs	128	128	128	128	128	128	128	128
Hausman	18.95		21.504		40.51		15.13	
R-square（B）	0.7452	0.7311	0.7522	0.7442	0.7205	0.7609	0.7212	0.7341

注：括号中为P值。

6.4 工具变量法

此处仍然使用工具变量法来解决可能存在的内生性问题。由于篇幅关系，只给出核心变量的系数和P值。表6-8结果显示，最低气温和信仰差异仍然是预测社会资本有效的工具变量，而纳入工具变量之后，认知型社会资本仍然显著。模型1只包含核心变量，模型2至模型4逐步添加了控制变量，但由于篇幅关系予以省略。工具变量法证明了上一阶段回归的稳健性。即对创新产出有关键影响的变量是认知型社会资本而非结构型社会资本。当将社会资本作为整体变量时也不显著。这充分说明了社会资本与创新的关联并不如传统文献所强调的那样显著。

表6-8 工具变量检验结果（社会资本—创新产出阶段）

	模型1	模型2	模型3	模型4
研发人员	0.401 (0.000)	0.442 (0.000)	0.420 (0.000)	0.453 (0.000)
研发投入	0.148 (0.127)	0.156 (0.130)	0.123 (0.142)	0.159 (0.106)
知识存量	0.613 (0.001)	0.641 (0.001)	0.645 (0.001)	0.662 (0.002)
认知型社会资本	0.214 (0.041)	0.233 (0.033)	0.246 (0.024)	0.179 (0.043)
结构型社会资本	0.076 (0.131)	0.069 (0.142)	0.071 (0.135)	0.055 (0.183)
社会资本总指标	0.069 (0.172)	0.023 (0.199)	0.041 (0.162)	0.153 (0.178)
最低气温	-0.089 (0.021)	-0.089 (0.021)	-0.089 (0.021)	-0.089 (0.021)
信仰差异	-0.031 (0.027)	-0.031 (0.027)	-0.031 (0.027)	-0.031 (0.027)

续表

	模型1	模型2	模型3	模型4
F-test/Wald Chi2	84.12	246.40	83.28	292.17
No. Obs	128	128	128	128
Hausman	4.13	-19.52	3.57	49.17
F-first	4.23	11.28	3.33	12.79
R-square (B)	0.6992	0.7247	0.7159	0.7042

注：括号中为P值。预测变量为认知型社会资本，这是因为结构型社会资本和社会资本总指标均不显著，因此不需要进行工具变量分析。

6.5 实证回归：社会资本、创新意识与创新产出

本书的基本研究思路为探索社会资本、创新意识与创新产出之间的关系。社会资本可能单独影响创新产出或通过创新意识影响创新产出。要检验这一中介效应需按照图6-1进行各个变量之间的单一层次回归，最终再将所有变量放置到一个模型中。第5章和第6章前几节已完成了前期步骤，因此本节将社会资本和创新意识一同纳入模型。为节省篇幅，不再将控制变量逐一纳入模型，而只选择最为显著的几个控制变量，但仍需进行再抽样和工具变量假设。输出结果如表6-9所示。结果表明，该模型为部分中介模型，社会资本能够直接影响创新产出，同时社会资本也能通过影响创新意识促进创新产出。表6-10和表6-11输出了稳健性检验的结果，分别使用了再抽样和工具变量的方法。结果表明再抽样后，社会资本的显著水平由5%下降到10%，但仍然在可接受范围之内。而在工具变量法下，显著性没有下降。整体而言，稳健性检验支持了基准回归结果。

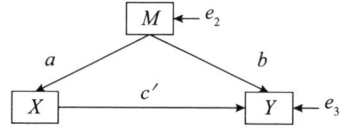

图6-1 中介效应关系

社会资本及其对创新意识和创新产出的影响

表 6-9 社会资本、创新意识与创新产出（基准模型）

	模型 1	模型 2	模型 3	模型 4
研发投入	0.108 (0.119)	0.117 (0.123)	0.115 (0.107)	0.121 (0.106)
研发人员	0.345 (0.001)	0.372 (0.001)	0.341 (0.002)	0.330 (0.000)
知识存量	0.241 (0.001)	0.305 (0.000)	0.265 (0.000)	0.318 (0.002)
认知型社会资本	0.134 (0.025)	0.101 (0.037)	0.142 (0.017)	0.176 (0.004)
结构型社会资本	0.045 (0.198)	0.033 (0.224)	0.066 (0.212)	0.049 (0.242)
创新意识	0.039 (0.000)	0.045 (0.000)	0.051 (0.000)	0.069 (0.000)
清廉指数			0.215 (0.000)	0.224 (0.000)
教育水平			0.117 (0.021)	0.073 (0.014)
自由化程度			0.069 (0.000)	0.055 (0.002)
技术溢出			−0.203 (0.012)	−0.231 (0.004)
健康支出			0.241 (0.481)	0.204 (0.504)
F-test/Wald Chi2	97.14	316.52	152.48	375.56
No. Obs	128	128	128	128
Hausman	19.55		25.58	
R-square（B）	0.7445	0.7374	0.8631	0.8542

注：括号中为 P 值。

表 6-10　社会资本、创新意识与创新产出 1（Bootstrap）

	模型 1	模型 2	模型 3	模型 4
研发投入	0.108 (0.123)	0.117 (0.135)	0.115 (0.117)	0.121 (0.129)
研发人员	0.345 (0.043)	0.372 (0.029)	0.341 (0.022)	0.330 (0.031)
知识存量	0.241 (0.001)	0.305 (0.000)	0.265 (0.000)	0.318 (0.002)
认知型社会资本	0.134 (0.045)	0.101 (0.067)	0.142 (0.037)	0.176 (0.054)
结构型社会资本	0.045 (0.272)	0.033 (0.309)	0.066 (0.324)	0.049 (0.340)
创新意识	0.039 (0.000)	0.045 (0.000)	0.051 (0.000)	0.069 (0.000)
清廉指数			0.215 (0.000)	0.224 (0.000)
教育水平			0.117 (0.051)	0.073 (0.061)
自由化程度			0.069 (0.000)	0.055 (0.000)
技术溢出			−0.203 (0.002)	−0.231 (0.004)
健康支出			0.241 (0.342)	0.204 (0.315)
F-test/Wald Chi2	97.14	316.52	152.48	375.56
No. Obs	128	128	128	128
Hausman	19.55		25.58	
R-square（B）	0.7445	0.7374	0.8631	0.8542

注：括号中为 P 值。

社会资本及其对创新意识和创新产出的影响

表 6-11 社会资本、创新意识与创新产出 2（Bootstrap）

	模型 1	模型 2	模型 3	模型 4
研发投入	0.108 (0.123)	0.117 (0.135)	0.115 (0.117)	0.121 (0.129)
研发人员	0.268 (0.020)	0.242 (0.019)	0.209 (0.012)	0.225 (0.007)
知识存量	0.472 (0.001)	0.399 (0.000)	0.425 (0.000)	0.459 (0.000)
认知型社会资本	0.434 (0.032)	0.401 (0.025)	0.442 (0.037)	0.476 (0.024)
结构型社会资本	0.056 (0.179)	0.069 (0.208)	0.074 (0.221)	0.062 (0.197)
创新意识	0.039 (0.000)	0.045 (0.000)	0.051 (0.000)	0.069 (0.000)
清廉指数			0.235 (0.000)	0.264 (0.000)
教育水平			0.077 (0.142)	0.054 (0.179)
自由化程度			0.069 (0.000)	0.055 (0.000)
技术溢出			-0.178 (0.042)	-0.209 (0.033)
健康支出			0.141 (0.242)	0.187 (0.216)
最低气温	-0.062 (0.000)	-0.062 (0.000)	-0.062 (0.000)	-0.062 (0.000)
信仰差异	-0.038 (0.017)	-0.038 (0.017)	-0.038 (0.017)	-0.038 (0.017)
F-test/Wald Chi2	87.92	216.42	92.41	215.31
No. Obs	128	128	128	128
Hausman	19.55		25.58	
R-square（B）	0.7445	0.7374	0.8631	0.8542

注：括号中为 P 值。

6.6　本章小结

本章考察了社会资本、创新意识与创新产出三者之间的关系。首先，单独考察了社会资本与创新产出的关系，结果发现认知型社会资本对创新产出有正面促进作用，这一结论在再抽样检验和工具变量法回归中仍然稳健。其次，使用中介效应检验的标准方法，将社会资本和创新意识同时纳入模型。社会资本与创新意识的关系已在第 5 章进行了检验。结果表明，三者处于部分中介关系。社会资本既能通过影响创新意识促进创新产出，又能直接作用于创新产出。但结构型社会资本对创新产出没有促进作用，这充分说明了社会资本的复杂性。

7 社会资本对不同创新主体的影响

在上一章中我们考察了社会资本对区域整体创新的影响。实证结果显示，认知型社会资本对创新意识和创新产出都有一定的促进作用。回归结果还显示社会资本中的"政治参与"和"社会交往"对区域创新并无显著影响，这也充分揭示了社会资本的复杂性。

本章将分别考察社会资本对不同创新主体的影响。这主要是考虑到不同主体在创新的过程中可能表现出不一样的特征，对资源的需求也不尽相同（Pessoa，2007）。因此，社会资本对于不同创新主体的重要程度也存在一定的差异性。Heffron（1989）认为，企业以市场需求为导向，几乎只关注经济利益。而政府公共部门收入来源则主要依赖补贴，同时公共部门通常具有多重目标。因此，企业创新效率应当高于公共部门。在各类公共部门中，高校和科研机构无疑是创新能力最强的。对不同主体创新效率或能力考察的研究不在少数，例如，Zhang 等（2003）以及 Jefferson 等（2006）考察了不同产权类型的企业创新效率。而通过中国30个省份的面板数据分析，余冬筠和金祥荣（2014）发现政府资助只对市场化程度较低的部门的创新活动有支持作用，而对于市场化程度较高的部门则是一种阻碍。基于对数据完整性的考虑，本书只关注创新主体中的企业和高校。对不同创新主体的分析中考察社会资本因素的文献还不多见，且相关理论也较为缺乏。因此，有必要进行这样的研究。

7.1 社会资本对企业创新产出的影响

7.1.1 基础模型与控制变量

本章实证分析的方法与之前一样，不过为简便起见，本节直接考虑固定效应和随机效应以及加入控制变量的情形（见表7-1~表7-3）。需要说明的是，本章将整体专利产出数量替换为不同部门专利产出数量，同时对创新投入变量也进行了相应替换，但知识存量数据不变。这是因为无论哪类主体应当都能无障碍地借鉴和使用以往的创新成果。回归结果显示，在控制了清廉指数、技术溢出、财政支出、网络使用等变量后，认知型社会资本呈现正显著，但其他社会资本变量则不显著。说明对于企业创新产出而言，社会资本中的某些元素仍然存在一定积极作用。但创新意识变量不显著，说明普通居民的创新意识即整体创新氛围不能起到调节企业行为的作用。研发投入和研发人员的显著性有所下降，这说明企业对研发投入的依赖反而不那么明显。

表7-1 社会资本对企业创新的影响1

	模型1	模型2	模型3	模型4
研发投入	0.258 (0.039)	0.223 (0.043)	0.250 (0.041)	0.233 (0.059)
研发人员	0.486 (0.236)	0.725 (0.005)	0.468 (0.252)	0.701 (0.008)
知识存量	0.121 (0.053)	0.139 (0.032)	0.098 (0.074)	0.118 (0.066)
认知型社会资本	0.155 (0.040)	0.122 (0.071)	0.132 (0.055)	0.129 (0.061)
结构型社会资本	0.111 (0.271)	0.135 (0.226)	0.120 (0.201)	0.137 (0.187)

社会资本及其对创新意识和创新产出的影响

续表

	模型 1	模型 2	模型 3	模型 4
社会资本总指标			0.279 (0.196)	0.306 (0.159)
创新意识	0.022 (0.107)	0.031 (0.128)	0.039 (0.123)	0.034 (0.112)
清廉指数	0.226 (0.001)	0.254 (0.000)	0.260 (0.000)	0.247 (0.000)
教育水平	0.131 (0.615)	0.138 (0.574)	0.167 (0.392)	0.168 (0.385)
自由化程度	−0.017 (0.273)	−0.011 (0.304)	−0.008 (0.288)	−0.009 (0.296)
No. Obs	128	128	128	128
F-test/Wald	29.28	138.42	26.18	141.27
Hausman	1.58		2.33	
R-square（B）	0.4832	0.7855	0.5133	0.7981

注：括号中为 P 值。

表 7-2　社会资本对企业创新的影响 2

	模型 1	模型 2	模型 3	模型 4
研发投入	0.250 (0.019)	0.41 (0.023)	0.235 (0.031)	0.254 (0.018)
研发人员	0.475 (0.236)	0.702 (0.026)	0.459 (0.237)	0.692 (0.028)
知识存量	0.132 (0.043)	0.129 (0.029)	0.108 (0.061)	0.122 (0.058)
认知型社会资本	0.159 (0.038)	0.119 (0.067)	0.136 (0.043)	0.123 (0.061)
结构型社会资本	0.116 (0.271)	0.139 (0.226)	0.122 (0.218)	0.135 (0.192)

续表

	模型1	模型2	模型3	模型4
社会资本总指标			0.282 (0.201)	0.315 (0.178)
创新意识	0.242 (0.041)	0.262 (0.033)	0.261 (0.038)	0.236 (0.052)
技术溢出	0.001 (0.551)	0.005 (0.011)	0.001 (0.624)	0.005 (0.011)
产学结合	0.036 (0.773)	0.049 (0.733)	0.043 (0.813)	0.032 (0.843)
健康支出	0.012 (0.000)	0.010 (0.000)	0.009 (0.000)	0.002 (0.000)
No. Obs	128	128	128	128
F-test/Wald	33.01	129.51	31.20	145.85
Hausman	1.58		2.33	
R-square（B）	0.4873	0.7945	0.5281	0.8012

注：括号中为P值。

表7-3 社会资本对企业创新的影响3

	模型1	模型2	模型3	模型4
研发投入	0.239 (0.025)	0.220 (0.017)	0.242 (0.022)	0.229 (0.032)
研发人员	0.490 (0.236)	0.678 (0.033)	0.473 (0.210)	0.659 (0.029)
知识存量	0.132 (0.043)	0.129 (0.029)	0.108 (0.061)	0.122 (0.058)
认知型社会资本	0.162 (0.038)	0.151 (0.071)	0.161 (0.033)	0.128 (0.041)
结构型社会资本	0.116 (0.201)	0.139 (0.226)	0.122 (0.218)	0.135 (0.192)

续表

	模型1	模型2	模型3	模型4
社会资本总指标			0.187 (0.177)	0.210 (0.147)
创新意识	0.227 (0.032)	0.215 (0.045)	0.235 (0.031)	0.210 (0.042)
社会保障	0.091 (0.052)	-0.003 (0.471)	0.092 (0.033)	0.025 (0.545)
终身学习	0.008 (0.265)	0.006 (0.438)	0.007 (0.238)	0.005 (0.481)
财政支出	0.003 (0.605)	0.011 (0.084)	0.003 (0.609)	0.011 (0.056)
网络使用	0.039 (0.022)	0.028 (0.024)	0.045 (0.041)	0.031 (0.077)
No. Obs	128	128	128	128
F-test/Wald	35.221	132.45	33.61	145.51
Hausman	2.77		3.68	
R-square（B）	0.5285	0.8159	0.5292	0.8204

注：括号中为P值。

7.1.2 Bootstrap

与上一章一样，本节使用Bootstrap方法来解决回归中因为样本量偏小存在的误差。由于篇幅有限，这里只包括了7.1.1节中比较显著的几个控制变量，包括"清廉指数""健康支出"以及"网络使用"，其他控制变量予以放弃。Bootstrap的使用仍然是基于固定效应模型和随机效应模型。表7-4显示，当将社会资本拆分为两个主成分得分时，认知型社会资本并不显著，而结构型社会资本在固定效应模型中和随机效应模型中分别在5%和10%的水平内显著，这与上一节的回归结果相反。当我们将社会资本作为一个变量纳入模型时，回归结果显示，其只在固定效应模型中显著。

而 Hausman 检验却指出应当考虑随机效应模型。因此，这意味着部分社会资本元素对企业创新活动存在明显的促进作用。

表 7-4　社会资本对企业创新的影响（Bootstrap）

	模型 1	模型 2	模型 3	模型 4
研发投入	0.241 (0.031)	0.232 (0.042)	0.230 (0.017)	0.228 (0.056)
研发人员	0.427 (0.379)	0.655 (0.015)	0.463 (0.210)	0.604 (0.032)
知识存量	0.124 (0.028)	0.132 (0.029)	0.118 (0.051)	0.124 (0.042)
认知型社会资本	0.162 (0.056)	0.151 (0.041)	0.161 (0.038)	0.128 (0.029)
结构型社会资本	0.116 (0.311)	0.139 (0.278)	0.122 (0.229)	0.135 (0.123)
社会资本总指标			0.187 (0.257)	0.210 (0.239)
创新意识	0.227 (0.032)	0.215 (0.045)	0.235 (0.031)	0.210 (0.042)
健康支出	0.012 (0.000)	0.009 (0.000)	0.010 (0.000)	0.011 (0.000)
清廉指数	0.226 (0.001)	0.254 (0.000)	0.260 (0.000)	0.247 (0.000)
网络使用	0.039 (0.022)	0.028 (0.024)	0.045 (0.041)	0.031 (0.077)
No. Obs	128	128	128	128
F-test/Wald	65.27	189.52	63.28	191.54
Hausman	2.77		3.68	
R-square（B）	0.6172	0.8482	0.6298	0.8511

注：括号中为 P 值。

7.1.3 工具变量法

考虑到可能存在的内生性问题,本节继续使用工具变量法。关于工具变量法使用时模型的选择依赖于之前的回归结果。社会资本总变量以及结构型社会资本均不显著,因此只对认知型社会资本进行工具变量检测。具体结果如表7-5所示。最低气温以及信仰差异仍然是显著的工具变量,且都与认知型社会资本负相关。这说明地理环境和人口流动是形成社会资本的重要因素。回归结果显示,气温越低,信仰差异越小,认知型社会资本指标值越高。考虑工具变量后,社会资本仍然显著,其他变量显著性也没有太大变化。综合以上结果不难看出,企业层面的创新投入与产出关联性并不十分显著。这可能是因为企业创新周期更长。此外,企业何时进行创新,何时申报专利可能还有一些战略考量,因而也就更为复杂。

表7-5 社会资本对企业创新的影响(工具变量)

	模型1	模型2	模型3	模型4
研发投入	0.237 (0.031)	0.204 (0.042)	0.221 (0.017)	0.218 (0.056)
研发人员	0.419 (0.320)	0.628 (0.024)	0.478 (0.190)	0.531 (0.019)
知识存量	0.124 (0.028)	0.132 (0.029)	0.118 (0.051)	0.124 (0.042)
认知型社会资本	0.462 (0.031)	0.351 (0.029)	0.411 (0.044)	0.321 (0.034)
结构型社会资本	0.116 (0.311)	0.139 (0.278)	0.122 (0.229)	0.135 (0.123)
社会资本总指标			0.187 (0.257)	0.210 (0.239)
创新意识	0.220 (0.022)	0.215 (0.034)	0.203 (0.029)	0.201 (0.038)
健康支出	0.014 (0.000)	0.011 (0.000)	0.009 (0.000)	0.013 (0.000)

续表

	模型1	模型2	模型3	模型4
清廉指数	0.218 (0.000)	0.233 (0.000)	0.224 (0.000)	0.257 (0.000)
网络使用	0.046 (0.022)	0.038 (0.021)	0.045 (0.027)	0.019 (0.054)
最低气温	−0.033 (0.002)	−0.033 (0.002)	−0.033 (0.002)	−0.033 (0.002)
信仰差异	−0.012 (0.041)	−0.012 (0.041)	−0.012 (0.041)	−0.012 (0.041)
No. Obs	128	128	128	128
F-test/Wald	45.27	104.55	43.52	98.41
Hausman	12.49		33.52	
R-square（B）	0.6172	0.8482	0.6298	0.8511

注：括号中为P值。

7.2 社会资本对高校创新产出的影响

7.2.1 基础模型与控制变量

本节考察的是社会资本对高校创新产出的影响。将创新投入和创新产出变量替换为高校数据。与之前一样，先使用固定效应模型与随机效应模型（见表7-6～表7-8）。结果显示，当社会资本主成分得分作为一个整体变量时并不显著，而当拆分为两个变量时，认知型社会资本并不显著，甚至系数符号为负，而结构型社会资本则正显著。这意味社会资本中的政治参与和社会交往似乎有利于促进高校创新，而信任、互惠互助、社区安全等因素对高校创新产出不存在显著促进作用。创新意识与高校创新产出正相关。整体而言，模型的拟合优度并不高，R^2系数只在30%左右。说明似乎遗漏了某些重要变量，这也意味着高校的创新产出与创新投入的关联性

社会资本及其对创新意识和创新产出的影响

并不强。各个控制变量中清廉指数、技术溢出、健康支出在不同水平上显著，而其他控制变量不显著。

表 7-6 社会资本对高校创新的影响 1

	模型 1	模型 2	模型 3	模型 4
研发投入	0.929 (0.301)	0.033 (0.743)	0.402 (0.650)	-0.012 (0.985)
研发人员	-2.011 (0.126)	-1.01 (0.190)	-1.41 (0.283)	-0.728 (0.315)
知识存量	-0.244 (0.445)	0.009 (0.968)	-0.211 (0.485)	-0.033 (0.885)
认知型社会资本	0.296 (0.593)	-0.641 (0.120)	0.296 (0.593)	-0.641 (0.120)
结构型社会资本	0.869 (0.019)	0.270 (0.069)	0.869 (0.019)	0.270 (0.069)
社会资本总指标			0.845 (0.367)	0.762 (0.243)
创新意识	0.131 (0.001)	0.129 (0.000)	0.134 (0.000)	0.137 (0.000)
清廉指数	0.431 (0.002)	0.587 (0.006)	0.472 (0.001)	0.579 (0.001)
教育水平	1.083 (0.734)	1.042 (0.715)	0.830 (0.799)	0.199 (0.944)
自由化程度	0.013 (0.694)	0.003 (0.919)	0.002 (0.943)	0.004 (0.888)
No. Obs	128	128	128	128
F-test/Wald	19.54	78.03	19.21	86.34
Hausman	15.15		10.58	
R-square（B）	0.3681	0.2985	0.3338	0.0.2819

注：括号中为 P 值。

7 社会资本对不同创新主体的影响

表 7-7 社会资本对高校创新的影响 2

	模型 1	模型 2	模型 3	模型 4
研发投入	2.291 (0.013)	1.551 (0.025)	1.985 (0.031)	0.152 (0.028)
研发人员	-3.415 (0.010)	-1.832 (0.015)	-3.039 (0.021)	-1.569 (0.032)
知识存量	-0.127 (0.656)	0.048 (0.836)	0.011 (0.713)	0.002 (0.993)
认知型社会资本	0.661 (0.254)	0.044 (0.913)	0.661 (0.254)	0.044 (0.913)
结构型社会资本	0.828 (0.025)	0.433 (0.073)	0.732 (0.037)	0.451 (0.052)
社会资本总指标			1.464 (0.127)	0.396 (0.535)
创新意识	0.131 (0.001)	0.129 (0.000)	0.134 (0.000)	0.137 (0.000)
技术溢出	0.019 (0.061)	0.011 (0.226)	0.021 (0.061)	0.008 (0.340)
产学结合	1.061 (0.684)	2.651 (0.260)	1.064 (0.684)	2.285 (0.230)
健康支出	0.010 (0.000)	0.008 (0.003)	0.001 (0.000)	0.008 (0.002)
No. Obs	128	128	128	128
F-test/Wald	22.31	81.45	21.58	87.52
Hausman	17.15		-4.58	
R-square（B）	0.3713	0.3085	0.4038	0.3023

注：括号中为 P 值。

社会资本及其对创新意识和创新产出的影响

表7-8 社会资本对高校创新的影响3

	模型1	模型2	模型3	模型4
研发投入	3.043 (0.002)	0.726 (0.251)	2.68 (0.006)	0.667 (0.293)
研发人员	-3.691 (0.004)	-1.419 (0.024)	-3.341 (0.010)	-1.37 (0.037)
知识存量	-0.107 (0.712)	0.129 (0.556)	-0.064 (0.618)	0.081 (0.711)
认知型社会资本	0.033 (0.954)	-0.215 (0.640)	0.134 (0.651)	-0.116 (0.530)
结构型社会资本	0.729 (0.062)	0.534 (0.033)	0.629 (0.052)	0.479 (0.043)
社会资本总指标			0.482 (0.618)	0.091 (0.898)
创新意识	0.144 (0.001)	0.138 (0.000)	0.148 (0.000)	0.129 (0.000)
社会保障	-0.419 (0.108)	0.115 (0.433)	-0.561 (0.028)	0.046 (0.740)
终身学习	0.054 (0.141)	0.044 (0.149)	0.069 (0.056)	0.044 (0.149)
财政支出	-0.034 (0.299)	-0.032 (0.143)	-0.016 (0.604)	-0.024 (0.248)
网络使用	0.095 (0.165)	0.064 (0.132)	0.125 (0.069)	0.091 (0.019)
No. Obs	128	128	128	128
F-test/Wald	27.31	85.88	30.12	92.56
Hausman	4.35		-1.72	
R-square (B)	0.4136	0.3742	0.4254	0.3451

注:括号中为P值。

7.2.2 Bootstrap

经过了重新抽样后，Bootsrap 结果显示结构型社会资本仍然对高校创新产出有一定积极影响，但社会资本整体以及认知型社会资本并不显著（见表7-9）。其他变量的显著程度也不高，说明还是存在遗漏变量的问题。Bootstrap 的方法解决了小样本带来的估计偏差，不过仍然没有解决数据可能存在的内生性问题。在欧洲，创新能力强的国家往往市场化程度较高，所以企业是主要的创新主体。而创新能力较弱的国家和地区可能更多依赖高校或其他公共部门。而社会资本，尤其是认知型社会资本变量由于与区域创新产出相关，因此到目前为止出现的结果很可能是反向因果所导致。基于此，本书在下一节将进行工具变量分析。

表 7-9 Bootstrap 方法下社会资本对高校创新的影响

	模型 1	模型 2	模型 3	模型 4
研发投入	1.003 (0.414)	0.491 (0.517)	1.044 (0.323)	0.435 (0.578)
研发人员	-2.314 (0.133)	-1.328 (0.015)	-2.141 (0.142)	-1.101 (0.053)
知识存量	-0.211 (0.543)	-0.026 (0.897)	-0.239 (0.498)	-0.061 (0.673)
认知型社会资本	0.548 (0.359)	-0.317 (0.480)	0.459 (0.229)	-0.297 (0.381)
结构型社会资本	0.758 (0.037)	0.339 (0.055)	0.812 (0.029)	0.485 (0.045)
社会资本总指标			1.24 (0.206)	-0.205 (0.740)
创新意识	0.134 (0.000)	0.142 (0.000)	0.139 (0.000)	0.122 (0.000)
清廉指数	0.750 (0.112)	0.635 (0.052)	0.771 (0.091)	0.630 (0.027)

续表

	模型1	模型2	模型3	模型4
技术溢出	0.016 (0.121)	0.014 (0.056)	0.017 (0.086)	0.013 (0.124)
健康支出	0.007 (0.098)	0.005 (0.154)	0.008 (0.034)	0.006 (0.141)
No. Obs	128	128	128	128
F-test/Wald	41.31	91.02	40.2	92.78
Hausman	3.49		2.95	
R-square（B）	0.4812	0.5031	0.4819	0.4962

注：括号中为 P 值。

7.2.3　工具变量法及动态面板

本节使用工具变量法解决存在的内生性问题。表 7-10 中模型 1 至模型 4 均将结构型社会资本视为内生变量。这主要是因为认知型社会资本并不显著。回归结果表明，最低气温、信仰差异能够显著预测结构型社会资本，但系数为正。这与之前回归的结果完全相反。说明至少在欧洲情境下结构型社会资本和认知型社会资本两者相互对立。综合所有回归分析结果来看，结构型社会资本能对高校创新产出发挥促进作用。在主成分分析中，结构型社会资本包含社会交往和政治参与。这可能意味着政治参与强度较大的地区，相关团体能够游说政府给予高校更多的空间，从而有利于其从事创新活动。而增强互动交往也有利于高校教学科研活动质量的提升。创新意识与高校创新产出相关，但认知型社会资本与产出则无关。

表 7-10　社会资本对高校创新的影响（工具变量）

	模型1	模型2	模型3	模型4
研发投入	1.618 (0.208)	2.023 (0.063)	1.866 (0.137)	-2.442 (0.113)
研发人员	-2.142 (0.027)	-1.306 (0.185)	-2.398 (0.370)	1.271 (0.409)

续表

	模型1	模型2	模型3	模型4
知识存量	0.145 (0.594)	0.356 (0.101)	-0.088 (0.724)	0.409 (0.081)
认知型社会资本	-1.441 (0.110)	-0.721 (0.544)	-1.585 (0.209)	-0.853 (0.275)
结构型社会资本	1.067 (0.048)	1.531 (0.002)	1.993 (0.001)	1.170 (0.002)
创新意识	0.125 (0.012)	0.105 (0.044)	0.118 (0.032)	0.114 (0.021)
清廉指数	1.397 (0.001)	0.849 (0.007)	0.868 (0.010)	1.493 (0.042)
技术溢出	0.007 (0.493)	0.011 (0.360)	0.042 (0.060)	0.018 (0.027)
健康支出	0.071 (0.721)	0.696 (0.000)	0.592 (0.016)	0.454 (0.089)
最低气温	0.057 (0.000)	0.117 (0.000)	0.057 (0.000)	0.117 (0.000)
信仰差异	0.032 (0.001)	0.034 (0.001)	0.032 (0.001)	0.034 (0.001)
No. Obs	128	128	128	128
F-test/Wald	36.12	87.21	38.22	82.48
Hausman	14.49		22.52	
R-square（B）	0.4643	0.5284	0.4722	0.5108

注：括号中为P值。

7.3 本章小结

本章考察了社会资本对区域不同创新主体的影响。由于数据可获得性的限制，只考察了企业和高校这两个主要的创新主体。回归结果显示，社会资本整体对企业和高校的创新没有促进作用，包含政治参与和社会交往结构型社会资本对高校创新产出有一定促进作用，但对企业创新并无显著影响。与之相反，包含信任、价值观的认知型社会资本与企业创新相关。本书认为，社会资本中的政治参与和社会交往两类指标得分越高意味着"游说"能力越强。而高校团体教育程度越高，进行结社行为的能力和动机也越大。因此政治参与和社会交往程度越高的地区，高校团体能说服政府加大对其的科研投入来提高创新水平。企业创新绩效的提高则非常依赖于制度信任、社会信任和互惠互利的价值观。这可能是因为企业之间合作和共享不如其他科研机构那样简单自然；信任的提高会减少企业沟通合作的隔阂，从而提升其创新效率。

8 结束语：从社会资本视角看创新政策

8.1 各个国家和地区促进创新的政策

表8-1对欧洲处于不同创新梯队的国家存在的优势和劣势进行了汇总分析。对于欧洲领先地区来说，其优势主要在于经济发展水平高、制度环境优越、人力资源丰富、企业拥有较高程度的创新意识等，但也同时存在一定的劣势。例如，学术机构规模较小、学术领域知识产权保护不够、人才流失等。对于欧洲追赶地区来说，其优势在于拥有高度国际化的研发团队、宽松的创新创业环境、部分产业居于全球领先水平。而劣势在于高等教育水平普及程度欠佳、创新未能以社会需求为导向、劳动力等生产要素未实现充分流动、各类创新主体协调合作效率不高。而对于欧洲落后地区来说，优势主要得益于稳定的经济环境以及欧盟发达国家的帮助等。而劣势则包括研发投入不够、优势产业科技附加值低、各类创新主体之间分歧较大等。对处于不同发展梯队的国家，需要使用不同的政策来促进区域创新。

领先地区以瑞典为例，政府采取的六大核心政策框架包括：①加大对大学的总体资助水平；②确立战略研究领域，使相关领域的科研水平保持领先地位；③进一步突出科研机构/院所在创新体系中的作用；④加强企业、学术界和研究界之间的合作与协同；⑤将研发与解决社会问题联系起来，包括医疗保健、可持续发展、信息化社会等；⑥优先资助瑞典与欧盟其他国家和地区合作的科研项目。追赶地区选择荷兰为代表。其

社会资本及其对创新意识和创新产出的影响

AWT 政策框架涵盖了五个方面的主要内容：①提供不同创新主体之间的交流和合作，政府需要尽可能地提供透明公开的信息，以减少潜在的不确定因素；②提升中小企业在研发创新中的地位和作用；③以社会需求为研发导向，更多地融入欧盟 2020 地平线计划；④注重协调地方政府和中央政府的关系，减少双方政策的冲突；⑤为不同创新主体制定有差异的政策工具，以提高政策实施效率。落后地区选择斯洛文尼亚为代表。OECD 政策评估报告指出，斯洛文尼亚需要从以下几个方面增强自身创新能力和创新效率：①为创新提供良好的框架条件，包括维持宏观经济稳定、保护知识产权、提高市场竞争程度等；②加强国际化程度，尤其在教育领域需要进一步开放；③提升国民教育程度，以维持欧盟平均水平；④加强企业层面的创新投入，提高产业竞争力；⑤提升不同创新主体之间的合作和交流。

表 8-1　欧洲不同梯队国家创新优势与劣势分析

	优势	劣势
领先地区	经济发展程度高，贫富差距小，社会包容开放 企业拥有创新意识，积极参与全球创新研发网络 良好的制度环境、政府积极响应公共需求，运行高效、透明 人力资源丰富，创新研发投入强度大，大学科研能力强，信息基础设施完善	学术机构规模小，国际影响力有限 学术领域知识产权保护做得不够 过度强调取得共识，以至于部分政策难以迅速实施 创新支持政策未体现差异化，资助范围重叠 受全球化影响，对国际顶尖人才吸引力不断减弱
追赶地区	高度国际化的科研团队，数量众多的优质工程师 宽松的创新创业环境：容错机制 部分产业居于全球领先地位，发展前景良好 纳米、微生物、软件等高新技术产业发展势头良好 交通、通信等基础设施建设完善	高等教育水平有所欠缺，博士学位人数偏少 劳动力未能实现充分流动 公共部门创新未能及时反映社会需求 部分企业财政困难，创新投入不足 创新主体协调合作效率不高

续表

	优势	劣势
落后地区	中等教育完成率高 宏观经济运行平稳 政府对科研创新重视程度高，投入不断增大 科研成果商业转化率不断提升 科研机构/大学院校的创新研发得到了极大重视 中小企业普遍参与欧盟重大创新项目	企业层面创新投入不足 优势产业仅存在于低附加值工业领域 仅重视基础研究，应用研究相对缺乏 科研机构与企业沟通不够，创新主体之间分歧较大，知识转移效率低下 与发达地区经济水平差距较大，不利于人才引进

资料来源：OECD 创新政策评估报告，由笔者自行整理。包括 Sweden（2016）；France（2014）；Lithuania（2016）；Netherland（2014）；Slovenia（2012）；Luxembourg（2016）；Hungary（2008）；Norway（2008）。

某种程度上，欧洲三个梯队地区采取的政策对应三代不同的创新政策体系。Vincent Reillon（2016）指出，欧洲地区创新政策历经了三个主要阶段。第一代政策主要受新古典经济学影响，对创新过程的各个阶段进行干预，重点施政对象放在了市场失灵的领域，被称为线性创新模式（Linear Model）。第二代政策的理论基础源于国家创新系统，强调重视创新各个要素之间存在的耦合关系，可以称为耦合模式（Coupling Model）。第三代政策理论基础来源于知识经济背景，强调将创新视作个人、团体、环境等各种因素相互作用的系统，被称为开放创新系统（Open Innovation System）。三个阶段的政策，是从"简单"到"复杂"的层层递进关系。例如，第一代政策仅包含经费支持、设备提供等单一的科技政策。第二代政策延伸到产业、金融、教育等多个领域的综合政策体系。第三代政策则强调更为系统性的政策组合。从供给侧来说，包括科技、就业、产业、教育、金融、税收和补贴。从需求侧来说，包括政府监管、文化培育、标准化制定、合作与联盟等。

尽管欧盟与中国在历史、文化、社会背景等方面呈现出较大差异，但从社会经济发展水平上看，我国也可以分为领先、追赶和落后三个区域。《中国区域创新能力报告 2015》指出，我国区域创新能力最强的地区是江苏、广东、北京、上海、浙江、山东。中西部的重庆、安徽、湖北等排名也较为靠前，属于追赶地区。而绝大部分中西部省份创新产出效率低下，

社会资本及其对创新意识和创新产出的影响

属于落后地区。相应地，许多存在于欧盟落后地区的问题也发生在我国中西部地区。例如，我国西部地区产业结构不合理；附加值低；人才流失严重；劳动力素质低下。相对而言，东部地区企业参与全球化程度较深，拥有较高的创新意识，而不少东部科研机构综合实力也属于世界一流水平。因此，我国政府可以借鉴欧盟相关经验，实施差异化的创新政策。

笔者认为，至少在以下四个方面政策领域需要重视社会资本的作用。一是劳动力流动和匹配。如前所述，社会资本的一大重要作用是缓解了求职和招聘双方面临的信息不对称问题，从而提高了劳动力匹配的效率。欧盟玛丽居里人才计划的初衷就是消除科研人员的流动障碍，而申根条约本身就是促进人才流动，提高匹配效率的最根本措施（刘华，2013）。可以考虑建立推荐人制度，以增加双方信息的透明度。对于西部地区来说，重点应当放在社会资本的信息传播功能上。中西部地区普遍城镇化水平偏低，由于体制原因，农村求职者在正规劳动力市场上处于弱势地位。因此，相关推荐单位/推荐人主要承担帮助求职者及时获取就业信息的职能。而对于发达地区来说，重点在防止社会资本的信息筛选功能上。考虑到东部对尖端人才需求量大，而招聘方如果从个人简历上获取求职者的信息是非常有限的。许多性格、人格特征并不能被直接观察。因此，可以利用推荐机构/推荐人更多地考察求职者的非证书类资质。二是促进企业知识获得。知识经济背景下，需要重视科技从业人员知识技能的更新。对于落后地区来说，可以考虑完善信息分享、传播平台积极培养与领先企业间的知识网络，从而获得显性知识，促进自身的发展。对于领先地区来说，显性知识可能不是优势的主要来源，最重要的是隐性知识以及隐性知识的显性化。因此要利用社会资本中的信任、互动、价值观共享等元素来促进隐性知识的传播和扩散。三是不同创新主体的交流与合作。欧盟政府非常重视学校、科研机构以及企业间的合作，推行了包括 EXIT（促进大学创办的企业）、INNONET（促进六个研究机构和企业之间的联合研发项目）、Pro-Inno Network of Competence（参与者是非研发人员）等一系列计划来促进科研成果的市场化。因此，可以考虑成立各类创新联盟，以共同利益为基础，形成优势互补、利益共享、风险共担的创新合作组织机制。四是创新文化培育。德国和葡萄牙曾推行生命科学年和科学万岁项目以加强科研人员和普通群众以及年轻学生的交流互动，从而促进了创新观念在社会中的传播。因此，可以考虑利用社会资本促进相关资讯的流通，加强创新意识的培育和创新人格的塑造,以激发青少年的创新和创业活动,最终推动创新型文化的形成。

8.2 本书主要结论

本书基于社会资本理论讨论了影响区域创新的因素。理论上梳理了社会资本相关定义、概念、学术流派以及影响区域创新的途径。实证方面,则以欧洲社会调查为主要数据来源,运用多种计量方法验证了社会资本与区域创新产出的关系。较之于以往的研究,本书有如下几点结论和创新:

第一,依托经济学、管理学、社会学、政治学相关学科背景对社会资本理论进行了梳理。将社会资本认定为一种观念性资源,包含公民道德、友善、同情、合作意识等主要因素。基于这样的定义,本书认为社会资本对社会经济的积极作用可以归纳为两个渠道:人力资本和技术进步。当社会资本产生狭隘外部性时,它主要作用于人力资本。当社会资本产生较强的外部性时,它的主要作用是提高技术效率。

第二,本书属于实证研究。在进行实证分析之前还基于哲学中的因果论对以往研究中存在的疏漏进行了梳理,重点讨论了测量指标的选取、内生性和回归模型的选择三个问题。首先,依据定义,本书提出了 11 个指标体系来衡量社会资本,解决了社会资本不易被测量的问题,同时也指出了以往常用的几个单个指标存在的问题。其次,依据社会资本的长期决定因素确认了相关工具变量以解决实证研究中广泛存在的内生性问题。最后,立足于知识生产函数,并通过梳理那些同时影响区域创新和社会资本的相关因素,确定了几个主要的控制变量,从而规范了所要使用的计量模型。

第三,通过聚类分析和判别分析以及 Moran I 指数等方法,本书检验了欧洲国家社会资本指标和区域创新指标的空间分布情况。结果显示,社会资本指标呈现一定的空间相关性。这充分说明了社会资本与历史文化的关联。认知型社会资本水平较高的地区是日耳曼人聚居的北欧地区,而拉丁人和斯拉夫人聚居的南欧和东欧地区结构型社会资本水平则相对较高。但北欧地区社会资本总体水平仍然较高。以往的研究大多从个人角度探讨社会资本的起源,而本书的分析则为从历史文化角度探讨社会资本的起源提供了参考。

第四，本书通过固定效应模型、随机效应模型、工具变量法、Bootstrap等计量方法，检验了社会资本指标对区域创新的影响。研究发现，社会资本部分元素对创新产出存在一定的正面影响，既能通过影响创新意识促进创新产出，又能对创新产出发挥直接影响。本书还对不同创新主体进行了分类。认知型社会资本对企业创新有促进作用，而结构型社会资本则有利于高校创新。

8.3 存在的不足及研究展望

尽管笔者已经做出了最大的努力，但出于种种原因，本书还存在一些不足的地方。首先，本书没有对不同产业的创新活动进行细致的分析，而将目光聚焦在整体创新产出上。在文献综述的部分，尽管已经意识到不同的产业或部门的创新活动都有其特殊性，由于对要素的需求不同，社会资本对不同产业的创新活动起到的作用也不尽一致，但是由于数据的缺乏，本书无法进行这样细致的研究。

其次，本书使用了面板数据，虽然在以往的社会资本研究中使用面板数据的并不少见，但使用的样本在时间上的跨度还不够长，这使笔者无法很好地使用一些优越的计量工具，如门槛模型等。同时由于本书的重点是讨论社会资本，因此对于区域创新相关指标的选择就不那么慎之又慎。例如，创新产出方面使用的是专利产出数据。虽然专利是主要的创新成果，但并不是唯一的创新成果。因此，如果能够使用其他全面的创新指标，也许能够得出更丰富的结论。

最后，由于数据的限制，本书只能以欧洲作为背景讨论社会资本与区域创新的关系。虽然国内外关于中国社会资本的实证研究也不少，但由于数据和指标的问题，这些文献可能还存在一定的疏漏。由于是以国际化的视角来分析社会资本，因此本书的结论可能缺乏一定的中国特色。尽管如此，本书使用了规范、科学的研究方法，对宏观层面的社会资本理论进行了细致的梳理，因此对中国研究仍然具有一定的参考价值。

后续的研究需要注意的问题有以下几点：其一，笔者认为，在任何国家和地区社会资本的本质应当是一样的,其表现形式可能不尽相同,这就意味着我国学者需要寻找适合于中国国情的社会资本变量来解决不易测量的问题。例如,Miquel 等(2015)就曾用村庙、家谱、宗族祠堂等作为衡量我国农村社会资本的指标。其二,以后研究需要注意社会资本不同维度对区域创新的差异性影响。早在 20 世纪六七十年代就有学者以中国为背景研究社会资本中的某些元素,也就是关系。关系与社会资本有一定重叠之处。例如,Chen 等(2013)认为,关系可以被定位为人际网络、构建人际网络的手段以及从人际网络中获取利益的行为。由此可见,人际网络是关系的核心,而它同时又是社会资本的重要组成部分。不过我国的学者需要避免将社会资本理论单纯地理解为一种关系学说,而忽视了社会资本的其他要素。其三,未来的研究还可以重点考察社会资本对不同主体的创新产出的影响。本书结论指出,社会资本中的社会交往和社会参与元素对高校创新研发有积极作用,而社会资本中的信任、互惠和价值观对企业创新研发有促进作用。由于目前还未有研究系统性地讨论社会资本对不同创新主体是否存在差异性的影响,本书的这一结论更多是探索性而非决定性的,因此还有待后续学者的进一步研究。

参考文献

[1] Agenor P., Dinh H. Social Capital, Product Imitation and Growth with Learning Externalities [R]. Policy Working Paper, World Banks, 2015.

[2] Ahlerup P., Olsson O., Yanagizawa D. Social Capital VS Institutions in the Growth Process [J]. European Journal of Political Economy, 2009, 25 (1): 1-14.

[3] Ahuja G. Collaboration Networks Structural Holes and Innovation: A Longitudinal Study [J]. Administrative Science Quarterly, 2000, 45 (3): 425-455.

[4] Akçomak IS, Bas ter Weel. Social Capital, Innovation and Growth: Evidence from Europe [J]. European Economic Review, 2009 (53): 554-567.

[5] Aldridge S. D., Halpern S., Fitzpatrick S. Social Capital a Discussion Paper [R]. Admiralty Arch The Mall London SW1A 2WH, 2002.

[6] Allen T., Henn G. The Organization and Architecture of Innovation: Managing the Flow of Technology [M]. London: Routledge Press, 2007.

[7] Almond G. A., Verba S. The Civic Culture: Political Attitudes in Five Western Democracies [M]. Princeton : Princeton University Press, 1963.

[8] Amabile T. M. A Model of Creativity and Innovation in Organizations [J]. Research in Organizational Behavior, 1988 (10): 123-167.

[9] Anduiza E., Gallego A., Cantjoch M. Online Participation in Spain: The Impact of Traditional and Internet Resource [J]. Journal of Information Technology and Politics, 2010, 7 (4): 356-368.

[10] Ardito L., Petruzzelli A., Albino V. From Technological Inventions to New Products: A Systematic Review and Research Agenda of the Main Enabling Factors [J]. European Management Review, 2015, 12 (3): 113-147.

[11] Arrow K. Observations on Social Capital [A] // Dasgupta P., Serageldin I. Social Capital. A Multifaceted Perspective. Washington: The World

Bank, 1999.

[12] Bandura A. Social Learning Theory [J]. Contemporary Sociology, 1977, 3 (2): 23-57.

[13] Baster Weel, Soete L., Verspagen B. Systems of Innovation, CPB Discussion Paper 138 [R]. CPB Netherlands Bureau for Economic Policy Analysis, 2010.

[14] Becker W., Dietz J. R&D Cooperation and Innovation Activities of Firms-Evidence for the German Manufacturing Industry [J]. Research Policy, 2004 (33): 209-223.

[15] Bekkers R., Veldhuizen I. Geographical Differences in Blood Donation and Philanthropy in the Netherlands: What Role for Social Capital? [J]. Journal of Economic and Social Geography, 2008, 99 (4): 483-504.

[16] Bian Y., Ang S. Guanxi Networks and Job Mobility in China and Singapore [J]. Social Forces, 1997, 75 (3): 981-1005.

[17] Bian Y. Guanxi. Allocation of Urban Jobs in China [J]. The China Quarterly, 1994 (140): 971-999.

[18] Bian Y., Huang X., Zhang L. Information and Favoritism: The Network Effect on Wage Income in China [J]. Social Networks, 2015: 129-138.

[19] Bjørnskov C., Méon P. G. The Productivity of Trust [J]. World Development, 2015, 70: 317-331.

[20] Borgatti S. P., Foster P. C. The Network Paradigm in Organizational Research: A Review and Typology [J]. Journal of Management, 2003, 29 (6): 991-1013.

[21] Bouchard T. J., Loehlin J. C. Genes, Evolution, and Personality [J]. Behavior Genetics, 2001, 31 (3).

[22] Bourdieu P. The Forms of Capital [A] //Richardson J. G. Handbook of Theory and Research for The Sociology of Education. New York: Greenwoods, 1985.

[23] Breschi S., Lissoni F. Localised Knowledge Spillovers vs. Innovative Milieux: Knowledge "Tacitness" Reconsidered [J]. Papers in Regional Science, 2001 (80): 225-273.

[24] Burt S. Structural Holes [M]. Cambridge, MA: Harvard University

Press, 1992.

[25] Callois J. M., Aubert F. Towards Indicators of Social Capital for Regional Development Issues: The Case of French Rural Areas [J]. Regional Studies, 2007, 41 (6): 809-821.

[26] Chataway J., Tait J., Wield D. Understanding Company R&D Strategies in Agro-biotechnology: Trajectories and Blind Spots [J]. Research Policy, 2004 (33): 1041-1057.

[27] Coleman J. Foundations of Social Theory [M]. Cambridge, MA: Harvard University Press, 1990.

[28] Cook K. S., Hardin R. Norms of Cooperativeness and Networks of Trust [A] // Michael H. & Karl-Dieter O. Social Norms. New York: Russell Sage Foundation, 2001.

[29] Cooper R. E., Kleinschmidt J. New Product Success Factors: A Comparison of "Kills" versus Successes and Failures [J]. R&D Management, 1990 (20): 47-63.

[30] Cosar A., Demir B. Domestic Road Infrastructure and International Trade: Evidence from Turkey [J]. Journal of Development Economics, 2014: 232-244.

[31] Crescenzi R. Innovation and Regional Growth in the Enlarged Europe: The Role of Local Innovative Capabilities, Peripherally and Education [J]. Growth and Change, 2005, 36 (4): 471-507.

[32] Crescenzi R., Rodríguez-Pose A. R&D, Social-Economic Conditions, and Regional Innovation in the U. S [J]. Growth and Changes, 2013, 44 (2): 287-320.

[33] Dasgupta P. A Matter of Trust: Social Capital and Economic Development [C]. Conference Paper Submitted to Annual Bank Conference on Development Economics, Seoul, June, 2009.

[34] Dasgupta P. Social Capital and Economic Performance: Analytics [R]. Working Paper Series, Cambridge University, 2002.

[35] Delhey J., Newton K., Welzel C. How General Is Trust in Most People? Solving the Radius of Trust Problem [J]. American Sociological Review, 2011, 76 (5): 786-807.

[36] Delhey J., Newton K. Who Trusts? The Origins of Social Trust in Seven Societies [J]. European Societies, 2003, 5 (2): 93-137.

[37] Doh S., McNeely C. A Multi-dimensional Perspective on Social Capital and Economic Development: An Exploratory Analysis [J]. The Annals of Regional Science, 2012, 49 (3): 821-843.

[38] Dziatek J. Is Social Capital Useful for Explaining Economic Development in Polish Regions [J]. Geografiska Annaler: Series B, Human Geography, 2014, 96 (2): 177-193.

[39] Edquist C., McKelvey M. High R&D Intensity without High Tech Products: A Swedish Paradox [A] //Nielsen, K., Johnson B. Evolution of Institutions, Organizations, and Technology, Edgar Elgar, Cheltenham, 1998: 131-152.

[40] Ejermo O., Kander A. The Swedish Paradox [R]. Working Paper from University of Lund, 2006.

[41] Eliasson K., Westlund H., Folster S. Does Social Capital Contribute to Regional Economic Growth? Swedish Experiences [A] //K. Kobayashi, H. Westlund, K. Matsushima. Social Capital and Development Trends in Rural Areas, Kyoto, Japan: MARG, Kyoto University Press, 2005.

[42] Fachamps M., Minten B. Return to Social Network Capital Among Traders [J]. Oxford Economic Papers, 2002 (54): 173-206.

[43] Fei X. From the Soil, the Foundations of Chinese Society [M]. Berkeley, USA: University of California Press, 1992.

[44] Fernald J. G. Roads to Prosperity? Assessing the Link between Public Capital and Productivity [J]. American Economic Review, 1999, 89 (3): 619-638.

[45] Fleisher B., Chen J. The Coast-Noncoast Income Gap, Productivity, and Regional Economic Policy in China [J]. Journal of Comparative Economics, 1997, 25 (2): 220-236.

[46] Florida R. Towards the Learning Region [J]. Futures, 1995, 27 (5): 527-536.

[47] Foxton F., Jones R. Social Capital Indicators Review, National Office of Statistics Report [A]. United Kingdom, 2011.

[48] Freeman C. Technology Policy and Economic Performance: Lessons from Japan [M]. London: Pinter Publishers, 1987.

[49] Fujiwara T., Kawachi I. Social Capital and Health [J]. American Journal of Preventive Medicine, 2008, 35 (2): 139-144.

[50] Fukuyama F. Social Capital and Civil Society [C]. IMF Conference on Second Generation Reforms, 1999.

[51] Fulkerson G., Thompson H. G. The Evolution of a Contested Concept: A Meta-analysis of Social Capital Definitions and Trends (1988-2006) [J]. Sociological Inquiry, 2008, 78 (4): 536-557.

[52] Furman J., Porter M., Stern S. The Determinants of National Innovative Capacity [J]. Research Policy, 2002 (31): 899-993.

[53] Goodchild M. A Spatial Analytical Perspective on Geographical Information Systems [J]. Geographical Information Systems, 1987, 1 (4): 327-334.

[54] Graeff P., Svendsen G. Trust and Corruption: The Influence of Positive and Negative Social Capital on the Economic Development in the European Union [J]. Quality & Quantity, 2013, 47 (5): 2829-2846.

[55] Granovetter M. S. The Strength of Weak Ties. American Journal of Sociology [J]. 1973, 78 (6): 1360-1380.

[56] Grootaert C., van Bastelaer T. The Role of Social Capita in Development: An Empirical Assessment [M]. Cambridge: Cambridge University Press, 2002.

[57] Guiso L., Sapienza P., Zingales L. Cultural Bbiases in Economic Exchange [J]. Quarterly Journal of Economics, 2009 (124): 1095-1131.

[58] Gu J., Zhang Y., Liu H. Importance of Social Capital to Student Creativity within Higher Education in China [J]. Thinking Skills and Creativity, 2014 (6): 14-25.

[59] Hage J. Organizational Innovation and Organizational Change [J]. Annual Review of Sociology, 1999, 25 (1): 597-622.

[60] Hall P., Soskice D. Varieties of Capitalism: The Institutional Foundations of Comparative Advantage [J]. Academy of Management Review, 2001, 96 (3): 365-383.

[61] Hanifan L. J. The Rural School Community Center [J]. Annals of the American Academy of Political and Social Science, 1916 (67): 130-138.

[62] Harryson S., Kliknaite S., Dudkowski R. Flexibility in Innovation through External Learning: Exploring Two Models for Enhanced Industry? University Collaboration [J]. International Journal of Technology Management, 2008, 41 (1-2): 109-137.

[63] Helliwell J. F. Do Borders Matter for Social Capital? Economic Growth and Civic Culture in US States and Canadian Provinces [R]. Cambridge, MA: NBER Working Paper 5863, Cambridge, MA: National Bureau of Economic Research, 1996a.

[64] Helliwell J. F. Economic Growth and Social Capital in Asia [R]. Cambridge, MA: NBER Working Paper 5470, National Bureau of Economic Research, 1996b.

[65] Helliwell J. F., Putnam R. D. Economic Growth and Social Capital in Italy [J]. Eastern Economic Journal, 1995, 21 (3): 295-307.

[66] Herbig P., Dunphy S. Culture and Innovation in Cross Cultural Management [J]. An International Journal, 1998, 5 (4): 13-21.

[67] Hofstede G. Culture's Role in Entrepreneurship: Self-employment out of Dissatisfaction [A] // Brown T., Ulijn J. Innovation, Entrepreneurship and Culture. The Interaction between Technology, Progress and Economic Growth. Cheltenham, Massachusetts: Edward Elgar Publishing, 2004.

[68] Hu H., Gu Q., Chen J. How and When does Transformational Leadership Affect Organizational Creativity and Innovation? [J]. Nankai Business Review International, 2013, 4 (2): 147-166

[69] James F. Ethnic and Cultural Diversity by Country [J]. Journal of Economic Growth, 2003 (8): 195-222.

[70] Janssen O., Van Y. Employee's Goal Orientations, the Quality of Leader member Exchange, and the Outcomes of Job Performance and Job Satisfaction [J]. Academy of Management Journal, 2004, 27 (3): 380-384.

[71] Jensen M., Johnson B., Lorenz E. Forms of Knowledge and Modes of Innovation [J]. Research Policy, 2007, 36 (5): 680-693.

[72] Johnson N. D., Mislin A. Trust Games: A Meta-Analysis [J]. Jour-

nal of Economic Psychology, 2011, 32 (5): 865-889.

[73] Karagozoglu N., Brown W. Time-Based Management of the New Product Development Process [J]. Journal of Product Innovation Management, 1993, 10 (3): 204-215.

[74] Kesler C., Bloemraad I. Does Immigration Erode Social Capital? The Conditional Effects of Immigration-Generated Diversity on Trust, Membership, and Participation across 19 Countries [J]. Canadian Journal of Political Science, 2010, 43 (2): 319-347.

[75] Knack S. Groups, Growth and Trust: Cross-country Evidence on the Olson and Putnam Hypothesis [J]. Public Choice, 2003, 117 (3-4): 341-355.

[76] Knack S., Keefer P. Does Social Capital Have an Economic Payoff: A Cross-country Investigation [J]. Quarterly Journal of Economics, 1997, 112 (4): 1251-1288.

[77] Knudsen B., Florida R., Rousseau D. Bridging and Bonding: A Multi-dimensional Approach to Regional Social Capital [R]. Working Paper from The Martin Prosperity Institute, Joseph Rotman School of Management, and University of Toronto, 2007.

[78] Krammer S. Drivers of National Innovation in Transition: Evidence from a Panel of Eastern European Countries [J]. Research Policy, 2009, 38 (5): 845-860.

[79] Kuiyin C., Lin P. Spillover Effects of FDI on Innovation in China: Evidence from the Provincial Data [J]. China Economic Review, 2014, 15 (1): 25-44.

[80] Landry R., Amara N., Lamari M. Does Social Capital Determine Innovation? To What Extent [C]. Paper Prepared for 4th International Conference on Technology Policy and Innovation, Curitiba, Brazil, 2000 (August): 28-31.

[81] La-Porta R., Lopez-de-Silanes F., Schleifer A., Vishny R. W. Trust in Large Organizations [A] //P. Dasgupta, I. Serageldin. Social Capital: A Multifaceted Perspective, Washington, D. C.: The World Bank, 2000.

[82] Lee S., Brinton M. Elite Education and Social Capital: The Case of South Korea [J]. Sociology of Education, 1996, 69 (3): 177-192.

[83] Lewis J., Weigert A. Trust as a Social Reality [J]. Social Forces, 1985, 63 (4): 967-985.

[84] Lichtenberg F. Chapter 15 Economics of Defense R&D [A]. Handbook of Defense Economics, 1995: 431-457.

[85] Lieb E., Schultz T., Mattis D. Two Soluble Models of an Ant Ferromagnetic Chain [J]. Annals of Physics, 1961, 16 (3): 407-466.

[86] Lin N. Building a Network Theory of Social Capital [A] //Lin N., Cook K., Burt R. S. Social Capital: Theory and Research. New Brunwick, New Jersy: Aldine Transaction, 2001a.

[87] Lin N. Social Capital: A Theory of Social Structure and Action [M]. Cambridge, MA: Harvard University Press, 2001b.

[88] Li Q., Smith K., Maggitti P., Tesluk P., Katila R. Top Management Attention to Innovation: The Role of Search Selection and Intensity in New Product Introductions [J]. Academy of Management Journal, 2013 (56): 893-916.

[89] Li Y., Wang X., Westlund H., Liu Y. Physical Capital, Human Capital and Social Capital: The Changing Roles in China's Economic Growth [J]. Growth and Change, 2015, 46 (1): 133-149.

[90] Luhmann N. Trust and Power [M]. Two works: John Wiley & Sons Inc, 1979.

[91] Lukas B., Ferrell O. The Effect of Market Orientation on Product Innovation [J]. Journal of the Academy of Marketing Science, 2000, 28 (2): 239-247.

[92] Lundvall B. -Å. National Innovation Systems: Towards a Theory of Innovation and Interactive Learning [M]. London: Pinter Publishers, 1992.

[93] Nahapiet J., Ghoshal S. Social Capital, Intellectual Capital and the Creation of Values in Firms [J]. Academy of Management Best Paper Proceedings, 1997, 23 (2): 242-266.

[94] Nelson R., Sidney G., Winter S. An Evolutionary Theory of Economic Change [M]. Cambridge: Belknap Press/Harvard University Press, 1982.

[95] Norris P. Civic Engagement, Information and the Internet Worldwide [M]. Cambridge: Cambridge Press, 2001.

[96] OECD. Review of Innovation Policy: France [R]. Organization for Economic Co-poration and Development, 2014.

[97] OECD. Review of Innovation Policy: Hungray [R]. Organization for Economic Co-poration and Development, 2008.

[98] OECD. Review of Innovation Policy: Lithuania [R]. Organization for Economic Co-poration and Development, 2016.

[99] OECD. Review of Innovation Policy: Luxembourg [R]. Organization for Economic Co-poration and Development, 2016.

[100] OECD. Review of Innovation Policy: Netherland [R]. Organization for Economic Co-poration and Development, 2014.

[101] OECD. Review of Innovation Policy: Norway [R]. Organization for Economic Co-poration and Development, 2008.

[102] OECD. Review of Innovation Policy: Slovenia [R]. Organization for Economic Co-poration and Development, 2012.

[103] OECD. Review of Innovation Policy: Sweden [R]. Organization for Economic Co-poration and Development, 2016.

[104] Olson M. The Rise and Decline of Nations [M]. Yale University Press: New Haven, 1982.

[105] Paldam M. Social Capital: One or Many? Definition and Measurement [J]. Journal of Economic Survey, 2008, 14 (5): 629-653.

[106] Payne R., Fineman S., Wall T. Organizational Climate and Job Satisfaction: A Conceptual Synthesis [J]. Organizational Behavior and Human Performance, 1976, 16 (1): 45-62.

[107] Peng M., Luo Y. Managerial Ties and Firm Performance in a Transition Economy: The Nature of a Micro-macro Link [J]. Academy of Management Journal, 2000, 43 (3): 486-500.

[108] Pessoa A. Innovation and Economic Growth: What is the Actual Importance of R&D [R]. Working Paper from University do Porto, 2007.

[109] Polanyi K. The Great Transformation: The Political and Economic Origins of Our Time [M]. American: Beacon Press, 1957.

[110] Polanyi M. Personal Knowledge: Towards a Post - Critical Philosophy [M]. Chicago: University of Chicago Press, 1958.

[111] Portes A. Social Capital: Its Origins and Applications in Modern Sociology [J]. Annual Reviews of Sociology, 1998 (24): 1-24

[112] Putnam R. D. Bowling Alone: The Collapse and Revival of American Community [M]. New York; London: Simon & Schuster, 2000.

[113] Putnam R. Making Democracy Work: Civic Traditions in Modern Italy [M]. Princeton: Princeton University Press, 1993.

[114] Reillon V. EU Innovation Policy-Part I: Building the EU Innovation Policy Mix [R]. European Parliamentary Research Service, 2016.

[115] Rodríguez-Pose A. Innovation Prone and Innovation Adverse Societies. Economic Performance in Europe [J]. Growth and Change, 1999, 30 (1): 75-105.

[116] Rogers E., Singhal A., Quinlan M. The Diffusion of Innovations [M]. New York: Free Press, 2012.

[117] Romer P. Endogenous Technological Change [J]. Journal of Political Economy, 1990 (98): S71-S102.

[118] Romer P. Increasing Returns and Long-Run Growth [J]. Journal of Political Economy, 1999, 94 (5): 1002-1037.

[119] Roth F. Does Too Much Trust Hamper Economic Growth? [J]. Kyklos, 2009 (62): 103-128.

[120] Rothstein B., Stolle D. Social Capital, Impartiality, and the Welfare State: An Institutional Approach [A] //M. Hooghe, D. Stolle. Generating Social Capital: The Role of Voluntary Associations, Institutions and Government Policy. New York: Palgrave Macmillan, 2003.

[121] Rupasingha A., Goetz S. J., Freshwater D. Social Capital and Economic Growth: A County-level Analysis [J]. Journal of Agricultural and Applied Economics, 2000, 32 (3): 565-572.

[122] Sabatini F. Social Capital and the Quality of Economic Development [J]. Kyklos, 2008 (61): 466-499.

[123] Schoonhoven C. B., Eisenhardt K. M., Lyman K. Speeding Products to Market: Waiting Time to First Product Introduction in New Firms [J]. Administrative Science Quarterly, Administrative Science Quarterly, 1990 (35): 177-207.

[124] Sears G., Baba V. Toward a Multistage, Multilevel Theory of Innovation [J]. Canadian Journal of Administrative Sciences-revue Canadians Des Sciences De L Administration, 2011, 28 (4): 357-372.

[125] Shane S. A. Cultural Influences on National Rate on Innovation [J]. Journal of Business Venturing, 1993 (8): 59-73.

[126] Shearmur R., Bonnet N. Does Local Technological Innovation Lead to Local Development, A Policy Perspective? [J]. Regional Science Policy and Practice, 2011, 3 (2): 249-270.

[127] Shen J. A Third Type of Job Search Behavior: The Use of the Formal-informal Joint Channel in Matching Individual Qualifications with Hiring Requirements in Urban China [J]. The Journal of Chinese Sociology, 2015, 2 (1): 1-21.

[128] Soni P., Lilien G., Wilson D. Industrial Innovation and Firm Performance: A Re-conceptualization and Exploratory Structural Equation Analysis [J]. International Journal of Research in Marketing, 1993 (10): 365-380.

[129] Spanjol J., Qualls W., Rosa J. How Many and What Kind? The Role of Strategic Orientation in New Product Ideation [J]. Journal of Product Innovation Management, 2011, 28 (2): 236-250.

[130] Spreitzer G. Psychological Empowerment in the Workpalce: Dimensions Measurement and Validation [J]. Academy of Management Journal, 1995, 38 (5): 1442-1465.

[131] Sewamala F., Wang J., Karimli L. Strengthening Universal Primary Education in Uganda: The Potential Role of an Asset-Based Development Policy [J]. International Journal of Educational Development, 2011, 31 (5): 472-477.

[132] Stock R., Zacharias N. Patterns and Performance Outcomes of Innovation Orientation [J]. Journal of the Academy of Marketing Science, 2011 (39): 870-888.

[133] Temple J. Initial Conditions, Social Capital and Growth in Africa [J]. Journal of African Economies, 1998, 7 (3): 309-347.

[134] Triandis H. C. The Analysis of Subjective Culture [M]. New York: Wiley Inter-science, 1972.

[135] Turner M. E., Pratkanis A. R., Probasco P., Leve C. Threat, Cohesion, and Group Effectiveness: Testing a Social Identity Maintenance Perspective on Groupthink [J]. Journal of Personality and Social Psychology, 1992, 63 (5): 781-769.

[136] Verba S., Scholzman K. L., Brady H. Voice and Equality: Civic Voluntarism in American politics [M]. Cambridge: Harvard University Press, 1995.

[137] Vicente M., Abrantes J., Teixeira M. Measuring Innovation Capability in Exporting Firms [J]. International Marketing Review, 2015, 32 (1): 29-51.

[138] Wallis A. Social Capital and Community Building. Part Two [J]. National Civic Review, 1998, 84 (4): 317-336.

[139] Wennekers S., Thurik R., von Stel A., Noorderhaven N. Uncertainty Avoidance and the Rate of Business Ownership across 21 OECD Countries, 1976-2004 [J]. Journal of Evolutionary Economics, 2007, 17 (1): 133-160.

[140] Westlund H., Adam F. Social Capital and Economic Performance: A Meta-analysis of 65 Studies [J]. European Planning Studies, 2010, 18 (6): 893-909.

[141] Westlund H., Johansson M. Social Capital Enhancement through Regional Co-operation : A Study of a Swedish Policy Program [J], Regional Studies, 2008, 2 (1): 35-53.

[142] Westlund H., Kobayshi K. Social Capital and Rural Development in Knowledge Society [M]. Edward Elgar Publishing, 2013.

[143] Westlund H. Social Capital in the Knowledge Economy: Theory and Empirics [M]. Berlin: Springer, 2006.

[144] Wolfe R. Organizational Innovation: Review, Criticque and Suggested Research Direction [J]. Journal of Management Studies, 1994, 31 (3): 405-431.

[145] Woolcock M., Narayan D. Social Capital: Implications for Development Theory, Research and Policy [J]. The World Bank Research Observer, 2000, 15 (2): 225-249.

[146] Xiong A., Li H., Westlund H., Pu Y. Social Networks, Job Satisfaction and Job Searching Behavior in the Chinese Labor Market [J]. China Economic Review, 2017 (2): 1-15.

[147] Yamagishi T., Kikuchi, M., Kosugi M. Trust, Gullibility, and Social Intelligence [J]. Asian Journal of Social Psychology, 1999, 2 (1): 145-161.

[148] 卜长莉. 社会资本的负面效应 [J]. 学习与探索, 2006 (2): 54-57.

[149] 丹纳. 艺术哲学 [M]. 张伟, 沈耀峰译. 北京: 当代世界出版社, 2009.

[150] 邓渝, 范莉莉. 员工多样性对团队成员学习绩效的影响: 个体与团队的多层次实证研究 [J]. 预测, 2014 (2): 32-37.

[151] 顾琴轩, 王莉红. 研发团队社会资本对创新绩效作用路径——心里安全和学习行为整合视角 [J]. 管理科学学报, 2015, 18 (5): 68-78.

[152] 关晓静, 赵利婧. 从《欧洲创新记分牌》看我国创新型国家建设面临的挑战 [J]. 统计研究, 2007 (3): 74-77.

[153] 郭鹰. 交通基础设施对创新产出的影响——基于公路1997—2012年省际面板数据检验 [J]. 科技与经济, 2015, 28 (3): 36-30.

[154] 胡荣, 李静雅. 城市居民信任的构成及影响因素 [J]. 社会, 2006, 26 (6): 45-61.

[155] 黄灿. 欧盟和中国创新政策比较研究 [J]. 科学学研究, 2004, 22 (2): 212-217.

[156] 黄光国. 社会科学的理路 [M]. 北京: 中国人民大学出版社, 2006.

[157] 李子奈. 计量经济学应用研究的总体回归模型设定 [J]. 经济研究, 2008 (8): 136-144.

[158] 李子奈, 齐良书. 关于计量经济学模型方法的思考 [J]. 中国社会科学, 2010 (2): 69-83.

[159] 李子奈. 再谈计量经济学模型方法论研究 [J]. 经济学动态, 2010 (11): 21-26.

[160] 林小爱, 林小利. 欧洲创新计分榜的新进展——对构建我国国

家知识产权战略实施绩效评估指标的启示 [J]. 研究与发展管理, 2009, 21 (5): 73-80.

[161] 林毅夫, 蔡昉, 李周. 比较优势与发展战略——对东亚奇迹的再解释 [J]. 中国社会科学, 1999 (5): 4-20.

[162] 刘华. 欧盟科技政策对协同创新的启示 [J]. 科学技术哲学研究, 2013, 30 (4): 104-108.

[163] 吕淑丽. 企业家社会资本对企业创新绩效的研究综述 [J]. 管理现代化, 2007, 153 (5): 25-27.

[164] 马得勇. 社会资本, 对若干理论争议的批判分析 [J]. 政治学研究, 2008 (5): 74-81.

[165] 潘静洲, 娄雅婷, 周文霞. 龙生龙, 凤生凤? 领导创新性工作表现对下属创造力的影响 [J]. 心理学报, 2013, 45 (10): 1147-1162.

[166] 彭玉生. 社会科学中的因果分析 [J]. 社会学研究, 2011 (3): 1-32.

[167] 石秀印. 中国企业家成功的社会网络基础 [J], 管理世界, 1998 (6): 187-196.

[168] 田金英, 龚爱民. 从美国新经济的繁荣和衰退看制度因素对技术创新的影响 [J]. 东北财经大学学报, 2003, 4 (5): 88-90.

[169] 田志康, 赵旭杰, 童恒庆. 中国科技创新能力评价与比较 [J]. 中国软科学, 2008 (7): 155-160.

[170] 王雁飞, 朱瑜. 组织社会化理论及其研究评价 [J]. 外国经济与管理, 2006, 28 (5): 31-38.

[171] 王毅杰, 乔文俊. 中国城乡居民政府信任及其影响因素 [J]. 南京社会科学, 2014 (8): 73-79.

[172] 王振寰. 知识经济时代的社会资本 [J]. 科学发展, 2003, 362 (2).

[173] 谢识予. 有限理性条件下的进化博弈理论 [J]. 上海财经大学学报, 2011, 3 (5): 3-9.

[174] 熊艾伦, 蒲勇健. 社会资本与个人创新意识关系研究 [J]. 科技进步与对策, 2017, 34 (16): 26-32.

[175] 熊彼特. 经济发展理论 [M]. 何畏译. 北京: 商务印书馆, 1990.

[176] 严成樑. 社会资本、创新与长期经济增长 [J]. 经济研究, 2012 (11): 48-60.

[177] 杨青青, 苏秦. 我国社会资本形成的影响因素 [J]. 华东经济管理, 2012, 26 (3): 69-76.

[178] 英格尔·哈特. 信任、幸福与民主 [A] //马克·沃伦. 民主与信任 [M]. 北京: 华夏出版社, 2004.

[179] 余冬筠, 金祥荣. 创新主体的创新效率区域比较研究 [J]. 科研管理, 2014, 35 (3): 51-57.

[180] 翟学伟. 信任的本质及其文化 [J]. 社会, 2014 (1): 1-26.

[181] 张五常. 经济解释 [M]. 北京: 中信出版社, 2014.

[182] 赵家章. 社会资本与增长: 理论综述及其对中国省域增长的启示 [J]. 云南财经大学学报, 2011 (4): 33-39.

[183] 赵履宽. 劳动经济学 [M]. 北京: 中国劳动出版社, 1998.

[184] 中央党校赴挪威、瑞典考察团. "北欧模式"的特点和启示 [J]. 科学社会主义, 2007 (6): 140-144.